発達障害は家庭で改善できる!

5000家族以上を
改善指導

就学時健診を乗り越える最強の方法

就学&自立を決める6歳までの育て方

エジソン・
アインシュタインスクール協会代表
鈴木昭平

コスモ21

カバーデザイン◆中村　聡

就学時健診を乗り越える最強の方法…もくじ

1章

「発達障害かも…」今から準備　就学時健診を乗り越えるコツ

2章
「スズキ式家庭教育」で子どもがぐ〜んと伸びる

3章 成長発達サポート表は子育てのバロメーター

4章 親ができることは何でもやろう！

プロローグ――発達障害は家庭で改善できる「就学準備編」

◎発達障害とどう向き合うか？

私は、これまで発達障害のある子どもを持つ5000以上のご家族からの改善相談を受けてきました。そのなかで、こんな相談を受けることがたくさんあります。

「うちの子は大学に行けるようになるのだろうか、結婚できるようになるのだろうか、仕事をして食べていけるようになるのだろうかと思うと、不安でいっぱいになります」

「つい他の子と比較してしまい、どうしてうちの子だけできないのか、どうして普通じゃないのかと思ってしまいます」

「心のどこかで、いつかは普通の子のようになってくれるかもと淡い期待をもっていました。しかし、就学時健診で発達障害を指摘され、支援級を考えるように言われて混乱しています」

就学時健診や専門家との面談では、「発達障害は改善しない」という立場から指導を受けることがほとんどです。改善しないという前提で、発達障害であるという事実を受け入れ、子どもの現状に合った教育環境を選ぶことをすすめられます。

そして、就学後に普通級に進むか、支援級か支援学校に進むかを選択することを求められます。このときこそ、親が子どもの発達障害の状態をどのように理解しているか、発達障害とどのように向き合ってきたかが問われます。

◎「基礎能力」を伸ばせば子どもは改善する

発達障害の子どもを持つご家族との面談で、私が「発達障害は改善できます。お子さんはエジソンやアインシュタインのように天才性を発揮する可能性を秘めています」とお話ししますと、子どもの発達状態がおかしいことに不安でいっぱいの親御さんは、みなさんびっくりされます。

私はまず、子どもの脳の発達とその仕組みを説明します。発達障害のある子どもは、脳の発達段階に特殊性があるだけです。そのことを理解して親が働きかければ、子どもの中に潜在している能力をいくらでも伸ばすことができるのです。

とくに就学前の6歳ころまでに家庭で、子どもの自立の基盤となる「基礎能力」を伸ばすと、発達障害の改善は顕著になります。就学後、普通級に入って学校生活を楽しく送る子どもたちが増えています。いろんな科目で100点満点を取る子どもたちもたくさんいます。

ポイントは親の意識の出発点をどこに置くかです。それで、子どもの人生はまったく違ったものになります。親が発達障害は改善しないと諦め、専門家にすすめられるままに支援級に進むことも選択の一つだと思いますが、もしそれが発達障害に対する誤解であり、子どもの可能性を潰してしまうことになるとしたら、たいへんもったいないことです。

本書で紹介する「スズキ式家庭教育」は、最新の大脳生理学に基づいています。このメソッドにより、**発達障害の子どもの脳の特性を活かした**、効果的な働きかけをすることができます。

しかも、誰でも簡単に使える「成長発達サポート表」によって、子どもの発達状態と伸びる可能性を確認でき、取り組む課題もはっきりします。

◎毎日子どもと接している親こそ〝最高の専門家〟

子どもとは未来のことです。子どもが成長した分、未来社会が良くなるのです。どんな子も「スズキ式家庭教育」で自立の基盤となる基礎能力が身につけば、必ず伸びていきます。とくに発達障害の子どもの場合は顕著です。

フルバージョンの「成長発達サポート表」には576項目の基礎能力が記載されています。しかし、読者のみなさんがすぐ利用できるように、本書には優先度の高い基礎能力288項目が掲載されています（109〜120頁）。

ご覧になるとわかりますが、専門家にしか理解できないような難しい表現は一切ありません。どの項目も、親が子どもの成長において身につけることを願うことばかりです。

親は普通、それらを断片的に、アバウトに認識していると思われますが、それではまったく役に立ちません。この「成長発達サポート表」の特長の一つは、子どもの自立の基盤となる基礎能力を四つの分野に分類し、親御さんが体系的かつ総合的に理解できるようにしていることです。

これを使えば、子どもが今どこまで基礎能力を身につけているか、これから身につけなければならない基礎能力は何か、が手に取るようにわかります。子育ての目標がはっきりするのです。だから、必要以上に悩まなくて済むのです。

発達障害があると、医師や臨床心理士などの専門家の判断に依存したくなるかもしれません。しかし、子どもと毎日接している親こそ、どんな専門家よりも子どもを見ている〝最高の専門家〟なのです。その親がこの検査表を使えば、子どもの現在の実力も、直近で伸びる可能性も簡単に確認できますし、直ちに取り組むべき課題の優先順位もはっきりします。そして、もっとも適切な働きかけ方も見えてきます。

◎発達障害が改善し普通級へ！　学力もアップ‼

ここで、小学校への就学時期が近づき、このままではいけないと決意して発達障害の改善に取り組んだご家族の体験を紹介します。

【スズキ式家庭教育を始めて8カ月で普通級進学が決定】

鍛冶屋哲也くん（仮名・6歳）とお母さんの照子さん（仮名）

「発達にばらつきがあるのが原因です」と専門家に言われた

どうしたら良いのかわからず悩み続け、時間ばかりがムダに過ぎていき、焦りました。

癇《かん》の強い子だと思っていましたが、2歳過ぎのころ、子育てサークルで哲也の様子を見ていて、ちょっとおかしいなと思い始めました。2時間もの間、うちの子だけが子どもたちのなかに入ることができず、「帰りたい！　帰りたい！」と言って私のところに逃げてくるのです。

もともとよく泣く子で、泣きだすと1時間、2時間は当たり前。一日中泣いていることもありました。

音や温度には敏感で、遊具についている楽器のキンキンした音を聞いただけで「帰る！」と言って聞かなくなることもありました。水族館に行ったときは、水槽が苦手だったようで、入館したばかりなのに帰りたがりました。

口の中が痛いと言うこともよくありました。口内炎が出来ていることが多かったのですが、口内炎がないときでも「口の中が痛い」と言って激しく泣いていました。どこも悪くないように見えるのに「手が痛い」「ヒリヒリする」と言うこともありました。

そんなことはありましたが、言葉には問題がないし、他の発達に遅れもなかったので、検査を受けても診断名がつくことはありませんでした。ですから、「ちょっと癇の虫が強い子かな」くらいに思っていただけでした。

ところが、幼稚園入園のための説明と見学に行ったとき、部屋の中に入れなくて、私の手を引っ張って帰りたがったのです。そういう子どもは他に見当たらなかったので、おかしいと思い、専門家に相談に行くことにしました。

最初に行ったのは、発達の専門医と病院、市の相談窓口です。そのときは息子の障害については、何も言われませんでした。検査結果では運動面だけが低かったので、「発達のばらつきがあるのが原因です」と言われたことぐらいです。

それからは、どうして良いのかわからず悩み続け、時間ばかりが過ぎていきました。

「普通級は難しい」と幼稚園の先生に遠回しに言われて

幼稚園に入ってからは、視覚優位で聴く力が弱いので、集団行動の指示についていけませんでした。運動会やお遊戯会でも、何をやっていいかわからずボーっとしていて、みんなと同じことができませんでした。

また、お友達と呼べるほどではないけど会話ができる子が一人いるくらいで、お友達はまったくできないままでした。

その後、年長さんになり、小学校への進学を考え始めたころ、「このままだと普通級は難しい」と幼稚園の先生に遠回しに言われました。うすうすは気づいていましたが、いよいよ何とかしなければと思っていたところ、鈴木先生の本に出会いました。

他の本には、「発達障害児のこういう問題行動に対してはこうしましょう」という対処法しか書いておらず、根本的に改善しようという内容の本はまったくありませんでした。ですから、読んでみて、とてもびっくりしました。早速、5月に夫と息子と3人で親子面談を受けました。

鈴木先生の話を聞いて「痛いところを突かれた」と感じました。腸が弱いなど、うちの子に当てはまることばかりを指摘されたからです。哲也は低体温ではないものの、便通は3、4日に1回というほどひどい便秘でした。それが発達の遅れの要因の一つになっているとは思ってもいなかったので驚きました。

成長発達サポート表でチェックしてみると、言葉が出ていたので、DQ（成長発達指数）は90でした。それで頑張ってみようと思って始めました。

※成長発達指数とは、実年齢（＝実月齢）に対する子どもの発達レベルを数値化したもの

まず運動面がメキメキ伸びた！

「スズキ式家庭教育」を始めてみると、たくさんの改善がありました。著しかったのは、運動面です。体の発達指数が50だったのですが、2週間で10増えて60になりました。DQ値も90だったのが1カ月で99になり、3カ月後には100を超えました。

いろいろな場面での体の反応が良くなってきました。開始後2カ月のころ、療育センターに行ったところ、それまではすぐに体が反応できず周りにまったく付いていけなかったのに、そのときはすごくスムースに反応できていたのです。それどころか、周りの子よりも反応が良かったのです。

食事については、牛乳はもともとあまり好きではなかったので、飲んでいませんで

したが、小麦は菓子パンが大好きで、たくさん食べていました。それですぐに毎朝の朝食を菓子パンからご飯に変えました。最初は食事を食べなかったり残したりしていたのですが、一年かけて、ようやく全部食べてくれるようになりました。

また、開始4カ月後にアレルギー検査をしたところ、卵アレルギーがあることがわかりました。そこで、大好きでたくさん食べていた卵を除去するようにすると、能力面で著しい進化がありました。発達障害による症状がほとんどなくなり、ブロックを組み立てる才能がずば抜けていることもわかりました。

8カ月で総合的にレベルアップ！ 普通級進学決定

「スズキ式家庭教育」を始めて4カ月後にお遊戯会があり、けっこうレベルの高いものを他の子と一緒にできたのです。

計算能力がずば抜けていて、トランプで相手が12枚取ったら残りは41枚ということが瞬間的に計算できてしまうのです。トランプの神経衰弱は、大人顔負けに強かったですし、オセロもダントツに強かったです。「超高速楽習カード」は1から16までの全セットのかなりの内容が頭に入っていました。

自閉的な部分や過敏な部分もほとんど感じなくなりました。

これほど劇的改善を遂げたのですが、幼稚園では改善を認めてもらうまで時間がかかりました。幼稚園の先生から「ようやく、みんなについていけるようになったね」と認めてもらえるようになったのは、家庭教育を始めて8カ月経ったころでした。おかげさまで、小学校では普通級に入ることができました。

現在は、成長発達サポート表の項目のなかで「逆上がり」だけが△で、あとはすべて○です。以前はおしゃべりする相手は女の子が多かったのですが、今ではほとんどが男の子の友達になり、小学校に行くのをとても楽しんでいます。

最初は「家庭教育」に乗り気でなかった主人も、息子の変化を感じて喜んでくれています。

「成長発達サポート表」と「脳の体質改善」が決め手

今、残っている課題は「聴く力が弱い」ことです。指示の聞き取りが上手くできないという面で少し不安もありますが、これも「スズキ式家庭教育」で取り組めば改善できると思っています。

他の相談先では「できるようにならない・改善しない」ことを前提に指導されますが、ＥＥＳ協会の電話カウンセラーのみなさんは、改善のための知識が豊富で、改善を前提に前向きなアドバイスを的確にしてくださいますので、とても救われます。

最初は、多くの専門家が改善は難しいと言っているなかで、改善することを前提に子どもに働きかけても、かえって負担になり、もっと状態が悪くなるのではないかと迷いました。しかし、親が改善することを諦めたら、子どもは一生、発達障害を背負ってしまうと思い直しました。必ず改善すると信じて子どもに働きかけると、確かに子どもは変わってきたのです。

以前は改善しないかもと思いながらも、他の子ができていることなら、うちの子もできるはずだと無理やりやらせたこともありました。しかし、やはり全然できるようにならなくて、うちの子は普通の子のようにはできないんだとがっかりすることも多々ありました。できないのは、子どもにやる気がないからできないのだと考えたこともありました。

けれども、子どもの「成長発達サポート表」で子どもの発達状態をより良く理解し、可能性のある項目を見つけて伸ばしていくようにしたら、子どもは急にいろいろなことができるようになったのです。脳の体質改善を行ない、子どもの脳に合った刺激を与えるように働きかけることが大事なんだと思うようになりました。

今の哲也は小学生のオセロ大会で、なんと全国大会の直前まで進み、オセロ３級も間もなく取れそうです。

【学校での遅れはありません】

岩崎倫太朗くん（9歳）とお母さんの律子さん

親子面談時のわが子の様子に衝撃を受ける

倫太朗が1歳になる前くらいから、「あれ？」と思うことが増えてきました。療育センターへ行けば治るのでないか、有名な先生に診てもらえば治してくれるのではないか、と心の中で期待したこともありました。

しかし、療育センターの対応はすごくネガティブで、「発達障害は治らない、今できることを少しずつやるしかない」というスタンスでした。一方、私の目の前にいる倫太朗は、頻繁にパニックを起こしたり、夜間に急激に、何かに取り憑《つ》かれたように泣くことをくり返すばかりでした。

保育園でも辛い思いをしました。保育士さんから「息子さんのことが全然わかりません」といつも言われ、眉をひそめられました。卒園式の練習ではいじめもありました。うちの息子が立っていると、他の園児たちから「邪魔なんだよ」と言われて、ひな壇の上でみんなから打たれたり蹴られたりしました。しかも、練習を見学している親もいるのに、です。親たちも、誰一人として止めようとしませんでした。私は息子を抱いて泣きながら走って逃げ出しました。

話は前後しますが、倫太朗が4歳のとき、鈴木先生の本を読み、親子面談の予約をしました。そのころの私は、親なのに何もできていない自分に疲れ果て、子育ての責任を放棄していることに罪の意識がありました。

面談では、子どもは先生の呼びかけに反応はしていましたが、相変わらずワーっと叫びながら走りまわっていました。やはり期待が大きすぎたのではないかと思いました。しかし家に帰ってから、倫太朗が、その日に見たフラッシュカードをリピートしはじめたのです。しかも、昆虫の「やご」のカードについては、鈴木先生の訛《なま》りをコピーした完璧な茨城弁で発音したのです。

「ちゃんと先生の話を聞いていたんだ！」

とびっくりしました。

思えばそのときまで、私は息子を人間として扱っていなかったのだと思います。どうせ言ってもわからないし、何を聞いても変な答えしか返ってこないし、動物以下じゃないかと思っていた部分があったんです。でも、「そうじゃない！　ちゃんと聞いているんだ！」という衝撃を受けました。

地道な積み重ねで着実な効果が

「スズキ式家庭教育」を始めたころは、あまりの地道な努力の積み重ねにびっくりしました。私はフィットネスのインストラクターをしていて指導歴は長いのですが、普通は「腹筋を10回してね」と指導すれば、腹筋が鍛えられていきます。

しかし、倫太朗の場合は一つずつ細かく教えてあげなければなりません。たとえばトイレに入るときは、「トイレに行っておしっこをしましょう」というのでは伝わりません。「まずトイレのドアを開けましょう。ドアを閉めて、ズボンを下ろして、パンツを下ろして、便座を上げて、一歩前に出て、おちんちんを摑《つか》んで、はいどうぞ」と教えなければなりません。

でも、「成長発達サポート表」でどこまでできているのか、とても細かく確認できるので、できることが確実に増えていると実感しながら取り組むことができました。漠然とやっていたら、「やっぱりできていない」と、親の私にストレスが溜まって続かなかったと思います。

成長発達サポート表で学力もアップ

成長発達サポート表を中心にやったおかげで、小学校ではかなり成績も上がり、今ではまったく遅れはありません。成長発達サポート表を目安にやっていると、学習能力もしっかり伸びていくからです。クラスのみなさんは、息子のことを「社会のできる子」「漢字のテストでいつも満点をとる子」という感じで、一目置いてくれているみたいです。

いちばん嬉しかったのは、しっかり会話ができるようになったことです。倫太朗は、小学校に入学するまでは言葉の力が弱かったのです。私が仕事に逃げていた面もあったからだと思います。

ところが、本格的に「スズキ式家庭教育」を始めると、私の本気度が子どもにも伝わったのでしょう。それまでは私がいてもいなくても関係ない感じだったのに、とても私を頼りにしてくれるようになりました。私を見て「お母さん」と手を振ってくれるようにもなりました。

この体験を通して

「そういえば私は、こういうことをしてこなかったな」

「結局、いろいろなことを言い訳にして、やっているつもりで全然やっていなかったのだな」

と気づきました。それを取り戻すのに時間はかかりましたが、気づいてよかったなと思います。

倫太朗との言葉のやり取りはしだいに増えていきましたが、増やすための工夫もしました。

たとえば、「今、水を飲みたいのだろうな」と目で訴えてきて、それが私にはわかっていても、倫太朗が自分から言葉で伝えようとしないかぎり水をあげないようにしました。「水が飲みたい」とまでは言えなくても、「喉が」などと連想できることを言えたら、水をあげるようにしたのです。

勉強についても、「時間が来たら必ずやる」と決めました。「やらない」という選択肢はありません。嫌がっても絶対に根負けはしません。「今日は具合が悪そうだから仕方ないね」というのは一切なしです。私自身の具合が悪くても、這ってでもやるようにしました。ですので、倫太朗は時間が来れば、必ず勉強するようになりました。お母さんはやると言ったらやる人だとわかっているので、息子もちゃんとやってくれるようになっています。

親の反省と覚悟が大事

正直に言いますと、EES協会に出会う前、私は倫太朗を叩いて叱って、何とかできるようにしようとしたこともありました。それに対しては深く反省していたので、本気で「スズキ式家庭教育」をやってみようと覚悟を決めたとき

「私はあなたを叩いたこともあった。ごめんね。ママもわからなかった。これからは命がけで育てるよ」

と言って謝りました。今、息子は

「お母さんはね、僕を命がけで育てているんだよ」

と、明るく言ってくれています。

発達障害は、お母さんが本気で覚悟を決め、「必ず改善する」という出発点に立って子どもへの働きかけを始めるところから改善していくことを学びました。

【支援級に移るも2年生からは普通級へ】

三谷安夫くん（8歳・仮名）とお母さんの洋子さん（仮名）

就学時健診で自閉症スペクトラム症候群と診断されて

私自身は、それまで発達障害や自閉症には無縁の世界で生きていたので、知識もなく、まさか自分の子に障害があるとは思ってもみませんでした。

けれども、幼稚園の保育参観などで子どもを見ていると、みんなが座っているのに一人だけずっと走り回っていました。サッカー教室では、みんながボールを追いかけているのに逆の方向に走ったり、運動している場所から外へ走って逃げたりすることもありました。

そんな様子を見て、他の子と違うのではないか、と思うようになりました。

幼稚園の帰りは、車に乗せるまでに1時間くらいかかりました。暴れたりはしませんでしたが、「家に帰ろう、車に乗ろう」と言っても、1時間くらいフラフラ走り回ったりしています。家に帰るにも一苦労でした。

けれども、

「この子はこういう子なんだ、この子が生まれつきもっているものなのだ、今はまだ小さいからこうだけど、そのうち大きくなれば」と思っていたのです。幼稚園からも発達障害の疑いがあるなどとは一切言われていなかったので、知らないままでした。

しかし、その後も行動がひどくなる一方で、幼稚園では先生に抑え込まれた状態でなければ、じっとしていられないほどになりました。スーパーへ行って、お店の商品を投げたり、瓶を割ったりしたこともあります。厳しく注意をしても、効果は全然ありませんでした。

私はあまり叱りっぱなしだと逆効果だと思い、一呼吸置くようにしていましたが、主人は闇雲に叱る一方で、子どもの状態をかえって悪化させていると感じました。

小学校の就学時健診で専門の病院での検査をすすめられ、初めて「自閉症スペクトラム症候群」と診断されました。「この子は一生このままです」と言われて、涙がこんなに出るものかと思うほど、毎日、泣いていました。まさか自分の子どもが……。

「この先、生きていけるのかな」

「将来、どうなるんだろうか」

と考えれば考えるほど、どん底に落とされる思いでした。

最初は普通級に入るも、2カ月後に支援級に移る

幼稚園の先生は「普通級でも大丈夫」と言ってくれましたが、小学校の先生からは支援級と言われました。幼稚園まで小学校の先生に見に来ていただき、結局は普通級に入りました。

入学すると、すぐに授業参観がありましたが、机の下に潜ってみたり、歩き回ったりとじっとしていられません。とてもではないけれど、見ていられない状態でした。

国語や算数の勉強は問題なく普通にやっていたのですが、結局、1年生の6月から支援級に移ることになり、1年生の間は支援級で過ごしました。

このころ、専門家たちから「一生治らない」と言われていたものの、それでも何かいい方法があるのではないかと調べていて、鈴木先生の本に出会ったのです。

鈴木先生との親子面談では、初めての場所なのに、うちの子は不思議と落ち着いていたことが印象的でした。それまでは、初めての場所ではパニックになりやすく、暴れたり走り回ったりしていました。ちょっとした音にも敏感になり、衝動的な行動が多くなって叫んだりすることもあったのです。

鈴木先生から「親が、発達障害は改善するという出発点に立たないと子どもの未来はありません」と言われて、前向きな気持ちになれました。同じ悩みの方が全国にいることも知り、自分も頑張ってみようという気持ちになりました。

「スズキ式家庭教育」に取り組みましたが、食事については私たち家族全員の健康にもつながることだと思いました。子どもの好きな食べ物はパンやチーズなどでした。以前は毎日牛乳も飲んでいましたが、すぐにやめました。

できる範囲で、体に良い食事に替えました。以前は便秘ぎみで、3、4日に1回ほどしかお通じがありませんでしたが、取り組み始めて2年ほどになる今は、2日に1回は出ています。低体温だった体温も上がってきました。

ずっと集団登校ができず、毎朝私が連れて行っていたのですが、「スズキ式家庭教育」を始めてからは、自分から
「二学期からはみんなと一緒に集団登校したい」
と言い出しました。しばらくは私も付いて行きましたが、今では集団登校ができるようになっています。

再三の却下に負けずに学校、教育委員会と闘い、2年生から普通級へ

状態が改善されてきたこともあり、2年生からは普通級に入れたいと先生に希望を伝えましたが、却下され、

「今は支援級だから落ち着いてやっていられるのであって、戻ったらまた同じです」

と言われてしまったのです。

「本当にあの子は変わったのでお願いします」

と校長先生に直々にお伝えしたのですが、やはり無理だと言われてしまいました。どうしても他の子たちと同じ経験をさせてやりたくて、3回目のお願いに行くと、

「それが本当に子どものためになるのですか」

と言われて、また却下されました。

学校側にも、教育委員会にも、

「とにかく無理ですから、5、6年生になったら普通級に戻されてはいかがですか」

と言われましたし、

「今はじっくり支援級で」

と言われました。それでも最後にもう一回だけと思い、主人と一緒に学校へ行きました。


じつは私も初耳だったのですが、主人も子どもと同じ障害を持っていたのです。

「息子は自分と同じなんです。人と差別されることが本人にとってはいちばん辛いということを、私がいちばんよくわかっているんです。ですからお願いします」

と涙ながらに訴える主人に学校側も心を動かされたようです。それで、普通級に入れることになりました。


今は2年生になり、ものすごく仲の良い友達は普通級ではまだできていませんし、お昼休みも一人で過ごしているようです。それでも、みんなと一緒にいられることが嬉しいようで、本人がいちばん喜んでいます。

みんなと集団登校で一緒に歩いていくことができたり、私が荷物を持っていると「持ってあげる」と言ってくれたり、ドアを開けてくれたりします。そんなちょっとした思いやりが育ってきたところを見られることが本当に嬉しいです。

医療機関で「一生治りません」と言われたとき、「少しでも事無く過ぎていければいい」と気休めの選択をしていたら、今の息子はいなかったと思います。発達障害であっても、子どもの未来には必ず希望の光があります。私と同じ思いをしている親御さんたちには、そのことを伝えたいと思っています。

本書が発達障害への認識を変えるきっかけになることを願ってやみません。発達障害を改善する実践書としても、就学時健診の対策書としても活用していただけるなら、これ以上の幸いはありません。

1章

「発達障害かも…」今から準備　就学時健診を乗り越えるコツ

小学校入学前の不安

「うちの子は、幼稚園でじっとしていられない」
「言葉を話し出すのが遅い」
「ささいなことで興奮状態になってしまう」

そんなお悩みをもつ親御さんは、実際には多いと思います。

私たちエジソン・アインシュタインスクール協会（ＥＥＳ協会）を訪ねて来られる親御さんたちもみなさん、そうした悩みをおもちです。

きっかけはさまざまです。３歳児健診で指摘されたり、幼稚園・保育園などで「発達障害なのでは？」と指摘されて、慌ててＥＥＳ協会を探し当てて来られる場合もありますが、とくに多いのは、小学校への就学が近づいてきて、果たして学校で普通にやっていけるか、不安が現実的になってきて相談に来られる場合です。

そうした親御さんたちが、ＥＥＳ協会がすすめている「スズキ式家庭教育」を始めると、わが子がどんどん改善していくことを、どなたも実感されます。このまま成長していけば、小学校の普通級で大丈夫という希望が見えてきます。

ところが、それでも小学校の入学時期がいよいよ近づいてくると、「ほんとうに小学校で上手くやっていけるだろうか」と相談を受けることがあります。そのきっかけになるのが、小学校進学の半年ほど前に行なわれる就学相談です。

この時期になると「就学時健康診断（就学時健診）」という通知が送られてきます。その前に、幼稚園や保育園、あるいは療育センターなどから就学相談のお話があるかもしれません。

就学相談とは、発達障害の可能性がある子どもの就学先について、保護者と専門家（教育委員会や就学相談員、学校の先生、医師など）が、通常級へ進むか、それとも他の学級や学校へ進むかについて親と話し合う機会です。

親御さんは

「うちの子は、小学校でおとなしく授業を受けられるのかしら？」
「授業に付いていけるかしら？」
「お友達と仲良くできるかしら？」
と不安にかられます。

そんな気持ちで就学相談の場に臨んでいる親御さんに対して、たいていの担当者は「発達障害は改善しない」という前提で指導してきますから、とても迷うのです。

「普通級に入っても学習に付いていけないかもしれない。特別支援級にしか就学できないのでは？」

「先生やお友達に迷惑をかけたくないし、子どもにとっても特別支援級に通うほうが良いのでは？」

私は、脳が柔らかい（可塑性《かそせい》が高い）子どもの時期ほど、発達障害の改善はしやすいと考えています。そのためにもっとも大切なのが親の存在です。その親が不安を抱え、迷ったままでは、上手くいきません。

「発達障害は家庭で改善できる」ことを信じ、「成長発達サポート表」を活用し、子どもが自立していくために必要な「基礎能力」が身につくように的確に働きかけていくと、必ず子どもは伸びていきます。その結果、普通級に就学していく子どもたちが増えていきます。

まず大切なのは、お母さんが不安を解消し、改善できると希望をもち、諦めずに家庭で取り組むことです。

就学時健診とは

就学時健診は、学校保健安全法で定められた健康診断で、文部科学省のガイドラインの定めにより、小学校入学前年の11月末までに居住地の学区の小学校で実施されます。通常の場合、10月上旬ころに居住地の市区町村から入学準備の書類とともに、就学時健康診断通知書が送られてきます。ただし、必ず受診しなければならないという義務はありません。

就学時健診では、健康状態だけでなく、知能の発達も検査します。そこで、名前や性別を答えさせたり、おはじきや絵のカードを使って、指示通りの行動ができるかを観たり、言語の発音や発声を確認したりします。また、集団知能検査を行なう場合もあります。

就学時健診の目的は、健康状態を確認し、疾病や異常を発見して、治療や支援を行なうためとされています。ですから、既往歴・予防接種歴・成育歴を母子手帳から調べ、アレルギーについての面談を行なうこともあります。

しかし、元をたどれば、障害の有無を診断し、障害児の就学先を判断するためのものです。現在は、その障害の診断が発達障害児にまで拡大されている状況です。

障害のある子どもが、小学校に入学する際には、通常学級（普通級）の他に、「通級」「特別支援級」「特別支援学校小学部」という選択肢があります。

「通級」では、通常学級に籍を置きます。そして、苦手な教科など、一部の時間のみ「特別支援級（支援級）」に通い、指導を受けます。

「特別支援級」とは、少人数での個別の指導を受ける仕組みです。この学級は、どの小学校にもあるとは限りません。同じ学区内の小学校になければ、近隣の小学校へ入学するか、新たに支援級を設置してもらうことになります。

「特別支援学校」（支援校）には、盲学校や聾《ろう》学校、養護学校も含まれています。指導に当たるのは特別支援学校の教員免許を持っている先生です。少人数で個別の指導を受けます。

すでに療育手帳を持っていたり、療育センターに通っていたりすると、就学時健診までの流れは、通常と異なります。幼稚園や保育園、療育センターと教育委員会が連携をとっており、発達具合が遅れている子どもの情報を共有しているためです。

この場合は、通常の子どもより半年早く、教育委員会から書面が届き、就学時健診の前までに支援学校・支援級の見学や、知能検査の受診などを行なう自治体が多いようです。また、通っている幼稚園や保育園から「小学校はどうしますか？」「検査を受けてみたらどうですか？」などとすすめられることもあります。

そこで多くのお母さんたちは、就学時健診に先駆けて教育委員会の審議を受けに行きます。具体的に就学先を指定されはしないものの、通常級以外の選択肢（支援級や支援校）をすすめられることが多いのです。

ＥＥＳ協会では「発達障害は家庭で改善できる」という立場で、親御さん、とくにお母さんとともに改善に取り組んでいます。始めてみると、子どもが自分でできることがドンドン増えていくのがわかります。その様子を見ていても、就学時健診を受ける前になると、

「普通級に入ってやっていけるだろうか」

と不安になるお母さんがいます。

ましてや、「発達障害は改善できる」ことを知らない親御さんが就学時健診で、普通級は難しいかもしれないという話を聞くと、一気に不安が膨らみ、どうしたらいいのかわからなくなります。それは、無理のないことだと思います。

「発達障害児が増えた!?」その背景

近ごろ、「発達障害」という言葉を耳にする機会が増えたと思いませんか？　実をいうと、その背景には、文部科学省が平成16年1月に作成した「小・中学校におけるLD（学習障害）、ADHD（注意欠陥／多動性障害）、高機能自閉症の児童生徒への教育支援体制の整備のためのガイドライン（試案）」という存在があります。

その後、平成17年に施行された「発達障害者支援法」が平成28年度に大幅に改正され、発達障害の児童や生徒の教育支援体制も大きく変わりました。平成24年の文部科学省の調査で、通常級に通う児童のうち「学習面や行動面で困難がある子」の割合が6・5％にもなることがわかり、そのなかには発達障害児がかなり含まれている可能性があると推計されたからです。

「授業に付いていけないまま、学校生活を送るのはかわいそう」「早いうちに子どもの障害を見つけ、支援級や支援学校に教育を任せよう」と広く考えられるようになったのです。

同時に、LD、ADHD、高機能自閉症など、発達障害への理解を深めようという動きも広がりました。

その結果、1歳6カ月と3歳の乳幼児健診で発達障害の有無も調べるようになりました。都道府県によっては、発達障害を見つけることを目的として5歳児健診を行なっている場合もあります。

そこで発達障害の兆候が発見されると、発達障害の専門医がいる医療機関で診断することや、保健センター・子育て支援センター・児童相談所・発達障害者支援センターなどで相談することがすすめられます。

医療機関の場合は、面談（観察）・脳波検査・知能検査などを行なって診断してくれますが、断定は避け、「様子を見ましょう」と言われるケースが多いのです。そして、いよいよ就学という段階になって、いきなり支援級をすすめられたりします。

こうしたことも含めて、私は、今の対応が本当に子どもたちのための教育支援になっているとは思えません。なぜなら、そこには、「支援や相談を行なう」という考えはあるものの、「改善する」という考えが欠落しているからです。

私はこれまで500件以上、子どもたちの障害の改善を指導してきました。そこでいちばんわかったことは、単なる支援や相談ではなく、改善できる指導を目指さなければ、子どもたちの将来の自立にはつながらないという事実です。

就学時健診で「支援級」「支援校」と診断されるとどうなるの？

就学相談で専門家から「支援級」や「支援校」をすすめられると、不安を抱いている親ほど、それに従いたくなります。しかし、誤解しないでほしいのは、**決定権は保護者にある**ということです。ですから、就学時健診や教育委員会の審査で、「支援級」や「支援校」をすすめられても、**必ずしも従う必要はありません。**

就学時健診で子どもがじっとしていられず暴れてしまったり、先生との質疑応答で答えられなかったり、離席したりすると、

「うちの子は普通級ではついていけないかもしれない」

と感じてしまうかもしれません。先生から支援級をすすめられると、なおさらです。先生方は「改善できたら、普通級へ移れます」と言います。

ですから、先生に言われるがままに、支援級を選んでしまうお母さんが多いのです。

しかし、ここに大きな落とし穴があります。支援級に入ってしまったら、学習の進度が普通級とはまったく違うのです。中学校に進学するころには、その差はかなり大きく開いています。結局、中学進学期の面談で希望を聞かれても、中学校の普通級にはついていけないので、支援級や支援学校に進学することになってしまうことが多いのです。

就学時健診前にEES協会のメソッドを始めていても、普通級に入るところまで伸びるのは難しいと最初から決めつけてしまうと、

「普通級に入れたいが、あまり苦労させるのはかわいそうだ。いったん支援級に入って、2年生になる時点で普通級に移行すればいいのでは」

と考える方もいます。結局、支援級に入って1年時は過ごしますが、1年生が終わるころには、そもそも学習の進度に差が開いてしまっているのです。

療育手帳は2年に一度のペースで更新されます。そのときの知能検査で普通級への

移行が可能かどうかが審査されます。「もう少し様子を見ましょう」と言われて、普通級への移行が3年生進級時に先延ばしされてしまうこともあります。

進級時には何度も教育委員会や学校に足を運び、判定員や先生方と話し合います。とくに先生方は学級運営の責任があるので、いじめられないか、授業はスムースに進められるかといった心配をするので、普通級への移行にはどうしても慎重になります。

ＥＥＳ協会に通うあるお母さんは、3年生進級時に普通級へ移行することを選び、学校と何度もやり取りをしたそうです。

「いじめられたらどうするのですか？」

「何か問題が起こったらどうするのですか？」

「何か起こったとき、責任をもてません」

と言われても、

「学校のせいにはしません。親が責任をもちます」

と強く訴えて、普通級への移行を果たしました。

就学前ならば、「就学時健診から入学までの間に改善できる」と、お母さんがわが子を強く信じて普通級にチャレンジしたほうが必ず良い結果になります。そういう親子の姿をたくさん見てきました。

もちろん、一度支援級に入ってしまうと、絶対に普通級に移行できないというわけではありません。EES協会の「先取り学習メソッド（スマートブレインコース）」による家庭学習で、普通級の子どもたちよりも先の学習内容を学び、支援級から普通級へ移行したお子さんたちはたくさんいます。

これまでの常識は無視して良い

学校によっては、今は発達障害への対応のために専門家チームが置かれていることもあります。その役割の説明を見ますと、次のようになっています。

①障害による困難に関する判断
②児童等への望ましい教育的対応についての専門的意見の提示
③校内における教育支援体制についての指導・助言
④保護者、子ども本人への説明
⑤校内研修への支援

気づかれたでしょうか。どの項目にも「改善」という言葉は入っていません。というのも、専門家といわれる人たちは、「発達障害は改善しない」という前提で指導しているからです。

私が長年、発達障害に取り組んできて、いつも立ちはだかってきた壁は「そもそも発達障害は改善しない」という〝常識〟です。この常識を打ち破らなければ、誰より親が、子どもが自立して生きる可能性をつぶしてしまうことになりかねないのです。

私は、**発達障害は脳のトラブル**だと捉えています。脳にトラブルが起きているために、社会生活を送る基盤となる「基礎能力」、さらに「我慢する力」や「自信＝自分を信じる力」が上手く育っていないのです。ですから、脳にどんなトラブルが起きているのかを明確にし、それを解消するような働きかけを行なえば、子どもたちはどんどん成長できるのです。

そのためにもう一つ大事なことがあります。それは、できるだけ早く子どもの状態を理解し、小学校に上がる前、つまり**「6歳までに必要な能力（＝基礎能力）」**が身につくように働きかけることです。

基礎能力とは、子どもが将来、心も体も社会的に自立して生きていくための土台になる能力です。**親の使命は子どもの自立です。**親が先にこの世を去っても、子どもが自立して幸せに生きていくことができるように育ってくれることなのです。

この基礎能力を身につけるのにもっとも適しているのが0～6歳までの乳幼児期です。

基礎能力は社会面、言語面、知覚面、身体面の四つに分かれます。就学時のコースで大まかに考えますと、6歳までに、その50％を達成できなければ支援校になります。80％以下では支援級で、80～90％はグレーゾーンです。90％以上が普通となります。

つまり、発達障害であっても、「スズキ式家庭教育」を効率よく実践し、基礎能力を身につけるスピードを上げることができれば、発達障害のレベルが変わるということなのです。

子どもを効率的に改善できるのは、家庭しかありません。世界の発明王といわれたエジソンも、21世紀最大の科学者と称されるアインシュタインも幼児期は、いわゆる発達障害児だったそうです。エジソンは、学校では落ちこぼれでした。アインシュタインは言葉が遅かったそうです。そのうえ、学習障害がありました。

その発達障害が改善したのは、学校ではなく家庭においてだったのです。教師ではなく、親が指導したのです。親こそ最初で最大の教師なのです。家庭こそが、発達障害を改善できる最高の教育の場（＝奇跡の学校）なのです。

世界中で、有史以来例を見ないほど、発達障害児が激増しています。私は日ごろから、発達障害児は天才性を秘めていると、公言しています。発達障害と診断された天才の卵たちを、一刻も早く自立させ、その素晴らしい才能を未来社会で活かすことが、人類の滅亡をくい止める最大の方法だ、と確信しています。

人類の未来を救済する天才の卵たちを障害者にとどめてしまう今の教育は、絶対に変えなければなりません。そうしないと、神の配慮を無駄にすることになり、本当にもったいないことになります。

ですから私は、乳幼児期の家庭教育こそが人類の未来を拓く大きな力になると信じています。世界中の賛同者と共に、過去の常識に囚われない、新しい「21世紀の家庭教育」を広げていきたいと考えています。

2章

「スズキ式家庭教育」で子どもがぐ～んと伸びる

(1)子どもの未来を絶対に諦めない!

親の使命は子どもの自立と心得る

親の責任とは、いったい何でしょう? それは、子どもを社会的に自立させることです。そのために子どもが学校や社会で生きていける基礎能力を身につけさせる。それこそが親の最大の務めです。

では、子どもを社会的に自立させるためには何が必要なのでしょうか。6歳までを考えますと、挨拶がきちんとできる、人とお話ができる、お片付けができる、聞き分けができるといったことから、文字の読み書きができる、友達と仲良く遊べるといったことまでいろいろあるでしょう。

親ならば、どれも子どもに身につけさせたいことだと思いますが、どこまでそうした能力が育っているかはなかなかわかりにくいものです。はっきり意識するのは、他の子どもができているのに、わが子ができていないことに気づいたり、幼稚園や保育園で指摘されたりするときかもしれません。もっとはっきり意識するのは、就学時だと思います。

とくに発達障害を指摘され、進路指導を受けると、子どもに何が足りないのか、子どもの将来はどうなるのか、不安が一気に膨らむでしょう。そんな状態でＥＥＳ協会を訪ねて来られる方もたくさんおられます。

私はそんな親御さんに、発達障害は必ず改善することを伝え、そのために家庭で「成長発達サポー表」（3章で詳細に説明）を利用した働きかけをするようにすすめています。

この成長発達サポート表は最新の脳科学に基づいていて、6歳までに身につけるべき基礎能力が社会面、知覚面、身体面、言語面と四つの分野ごとに示されています。

成長発達サポート表を使うと、何より親御さんの意識が変わります。発達障害があって、できないことだらけだと落胆していた親御さんが、じつは親が気づいていないだけで、できることがいくつもあることを発見されます。できないことにばかり目が行っていたのが、正しく働きかけを行なえば、ドンドンできることが増えていく子どもの姿を見ながら希望をもたれるようになるのです。

本当に残念なことですが、「発達障害は改善しない」と考えている専門家が多く、その前提で就学時健診などでは支援級や支援学校をすすめられることがほとんどです。しかし、脳科学に基づいて、6歳までに身につけるべき基礎能力を伸ばしていけば、発達障害は必ず改善していきます。そのことは、私がこれまでに改善指導してきた子どもたちが証明してくれています。

お母さんの笑顔がカギ！

先ほどもお話しした通り、現在の日本の教育現場や医療現場では、「発達障害は改善しない」という立場で指導が行なわれています。実際、学校や教育委員会、療法士、医師などに相談すると、「障害を受け入れて、今の子どもにいちばん良い選択をしましょう」と言われるでしょう。

もちろん、子どもの現状を理解し受け入れることは必要ですが、発達障害は改善することはないという前提で子どもの未来を諦めてはいけません。親が諦めてしまうと、子どもは、それ以上伸びません。どんな子どもも無限の可能性を秘めているのに、その未来を親の手で閉ざしてしまうことになるのです。

親ができること、それはどこまでも子どもの可能性を信じて働きかけることですが、そのためにとても大切なことがあります。それは、**お母さんの笑顔**です。

じつは、子どもが自立していくためにはさまざまな基礎能力とともに、自分を信じること、つまり自信が必要です。その自信を育てるのは、幼い時期ほど誰より頼りにしている親の働きかけです。親が自分を受け入れてくれているという肯定感を得ることで、自分を信じることができるようになっていきます。

そのために子どもを褒《ほ》めることはとても大事ですが、褒めているはずの母親の顔が、もし笑顔でなかったら、子どもは褒められていると心から感じられるでしょうか？　子どもは言葉の意味よりも、親の表情に敏感に反応します。たとえ言葉の上では褒めていても、笑顔でなければ「お母さんは喜んでいない」と子どもは受け取ってしまうでしょう。

とくに発達障害のある子どもは、お母さんの笑顔に敏感です。発達障害があると、他の子のように上手くできないことが多くなり、そのために失敗したり、怒られたりして不安にかられます。その分、通常の子どもより自信を身につけにくいともいえます。

これを脳の状態で見ますと、不安というストレスにさらされることが増えて、脳は不安定になり、自己コントロールしづらくなります。暴れたり、奇声を発したり、パニックになったりしやすいのは、このためです。そのままでは、学校という社会で生活していくのも難しくなります。

ですから、発達障害のある子どもの自立には、とくにこの不安というストレスを取り除いてあげることが大事なのです。そのために、もっとも効果があるのがお母さんの笑顔です。失敗しても、上手くいかなくてもお母さんが笑顔でいると、子どもは不安にならず、また挑戦できます。そして、上手くできることがあると、その成功体験によって自信を身につけていきます。

自信がついてくると、自分をコントロールできるようになるので、自分の思うようにならないことがあっても多少は我慢できるようになります。それは、子どもが学校生活を送るうえでも、とても大切なことです。

子どもの脳に合った適切な刺激を与える

脳科学によれば、人間の脳は五感からの刺激を受けることによって、神経細胞同士が連携し合い、脳を機能させるための神経回路が形成されていきます。この神経回路の数が多く形成されるほど脳の密度が高まり、より優秀な頭脳へと成長していきます。

詳しい話は本書の後半で述べますが、神経回路の形成がとくに活発な時期は、０歳から10歳までの乳幼児期に集中しています。ですから、この時期に脳へ適切な刺激を与えることがもっとも効果的なのです。反対に、この時期に脳への働きが正しく行なわれないと、神経回路の数は増えにくいことになります。

しかも、神経回路の形成は年齢とともに徐々に進むわけではありません。脳は、３歳前後までに80％以上、６歳前後までに85％以上、そして10歳前後で90％以上成長すると考えられています。「三つ子の魂百まで」という諺にある「三つ子」も、このこととほぼ一致しています。

もう一つ、脳の神経細胞も含めて私たちの体の細胞内には、「オートファジー」という分解機構が備わっています。この研究で東京工業大学の大隅良典栄誉教授がノーベル医学・生理学賞を受賞されています。

とくに脳の神経細胞内のオートファジーは、３歳前後から急激に活発になり、神経回路の一部を分解してしまうことがわかっています。このことは、神経回路の形成上、脳の発達において３歳前後、６歳前後という節目があるという事実と一致しています。

子どもが自立していくには、6歳までにその基盤となる基礎能力をしっかり身につけさせることが必要だとお話ししましたが、それには、このような脳の発達のしくみに基づいて、親が子どもの脳が求める適切な刺激を与える働きかけをすることがもっとも重要なのです。

「スズキ式家庭教育」には二つのステップがある

このようなお話をしますと、親の関心はお受験対策や子どもの能力開発に関心が向くかもしれません。しかし、その前に人間として自立していくための基礎ができていなければ、子どもは幸福な人生を歩むことはできません。

たとえば、「思いやり」という基礎能力が身についていないと、学校や社会に進んでも、人との関係が上手くいかず、困ることも多くなるでしょう。もちろん早期教育を行なうことはいいことですが、その前に「思いやり」という基礎能力が身につくように子どもに働きかけることがもっとも大事なのです。

子どもが「家庭教育」で自立の基盤となる基礎能力を身につけるには、二つのステップがあります。

(Ⅰ)ファーストステップ＝6歳まで
自立のための「基礎能力」を育てる。同時に「我慢」と「自信」を身につけさせる。
(Ⅱ)セカンドステップ＝遅くても10歳まで
基礎能力の土台の上に「思いやり」と「勇気」と「知恵」を身につけさせる。

セカンドステップの「思いやり」と「勇気」と「知恵」は、「基礎能力」と「我慢」と「自信」が土台になっていなければ、効果的に身につきません。この二つのステップを踏まなければ、子どもの人生は豊かになりません。

まずファーストステップで身につける「基礎能力」については、後述する「成長発達サポート表」を使えば誰でも簡単に判断できます。目安は90％達成できたあたりです。

この二つのステップによって必要な能力が身につけば、世界のどんなところへ行っても、幸せに生きていける子どもになります。その土台の上に早期教育を行なうなら、子どもの才能もどんどん伸びてゆくことでしょう。発達障害があっても同じです。誰にも真似のできない天才性を発揮することも夢ではありません。

これら二つのステップを実践するとき、ぜひ心がけてほしいことがあります。それは、ただひたすら子どもを褒めることです。ＥＥＳ協会では「気絶するほど褒める」と言っています。一日に最低でも10回は褒めてください。できないことより、できること、できそうなことに目を向けて褒めてください。こんな感じです。

「あなたは我慢ができるね」
「お片付けができるようになったね、すごいね」
「あなたは思いやりがあるね」
「チャレンジ精神があるね」
「知恵があるね」

そう言ってあげれば、子どものなかに自信の気持ちが芽生えてきます。

発達障害の改善は早期発見と早期実践が大切

発達障害があっても6歳までに「スズキ式家庭教育」で自立の基盤をつくっていけば、小学校の普通級で問題なく学校生活を送ることができます。とくに就学前から「スズキ式家庭教育」に取り組み始めると、その可能性がぐんと高くなります。

すでに小学校の支援級に入っていた子どもでも、親が諦めずに二つのステップを家庭で実践して、多動や自閉、言葉の遅れなどを改善させています。なかには、2年生や3年生の進級時に、普通級に移籍する子どもたちも増えています。そればかりか、学校の試験で100点満点を取る子もたくさん出てきています。

発達障害の改善は、できるだけ早期に発見し、できるだけ早期に取り組むほど効果が高まります。それは、先にお話ししたように脳の発達が活発な6歳くらいまで乳幼児期に取り組んだほうが、より大きな効果が期待できるからです。そのほうが小学校に入ってからの苦労も少なくてすみます。

家庭で取り組むには手間暇がかかり、大変そうですが、本書がすすめる家庭教育は一日30分で可能です。ですから、忙しいワーキングマザーやシングルマザーであっても取り組むことができます。

早期発見のきっかけの一つが3歳児健診です。そこで医師から

「お子さんに発達障害の可能性がある」

と言われたら、誰だって動揺しない親はいません。ただし、この段階では医師は即断

を避けることが多く、

「しばらく様子を見ましょう」

と言われます。親としても「少し成長がゆっくりなだけ」と自分に言い聞かせることが多いことでしょう。

しかし、真剣に子どもの未来を考えるなら、ここで躊躇《ちゅうちょ》している場合ではありません。

「早く指摘されて良かった」と考えをプラスに切り替え、勇気を出して今すぐに、わが子の発達障害と向き合ってほしいのです。

まずは、子どもの状態を正確に理解することから始めます。それには、本書にも掲載しているEES協会独自の「成長発達サポート表」が助けになります。これを使うと、家庭で親御さんが子どもの現状を客観的に把握することができます。

ただし、この成長発達サポート表は子どもの障害の有無を診断するためのものではありません。学校や社会で生活するために必要な能力が現時点でどの程度まで備わっているのかを見極め、どんな働きをしたらいいのかを教えてくれます。就学時までにこの成長発達サポート表にある項目の90％が身についていれば、普通級への進学が視野に入ります。

子どもの発達状態と伸びる可能性を把握していれば、療育センターや教育委員会などで「普通級への進学は難しい」と言われても、不安に陥ることはありません。

(2)子どもを教育する権利と義務は誰にある？

改善に失敗している「専門家」の言葉を参考にしてはいけない

ここで、発達障害の捉え方について簡単に説明しておきましょう。

人間の脳は右脳と左脳で役割分担をしているといわれます。右脳は主に感情や情緒に関する機能、左脳は論理や理性に関する機能を担っています。その考えによれば、生まれたばかりの子どもの脳は左脳の論理や理性よりも右脳の感情や情緒が優位になっています。右脳優位の状態は6歳くらいまで顕著ですが、成長とともに左脳の働きが高まり、左脳と右脳の両方をバランスよく使えるようになっていきます。

発達障害のある子どもの場合は、どの子も五感からの刺激に非常に鋭敏です。そんな子どもの脳は五感からの刺激に晒《さら》され続けていて、右脳が過剰に反応しやすく常に興奮状態にあるため、ストレスが溜まりやすくなっています。

じっとしていられないで多動、我慢することが苦手、気に入らないと暴れたりパニックになる、といった発達障害のある子どもに多い反応も、こうした脳の状態が影響しています。

乳児のころから右脳が普通以上に反応しやすい状態が続いているため、3歳、4歳、5歳と年齢が上がっても、左脳とバランスが上手くとれないままになっています。

一見普通の人でも、「物音に敏感な人」や「臭いの刺激に弱い人」などにとっては他の人には気にならない音や臭いが気になって目の前のことに集中できないなんてことがあります。

自分ではほとんど気にならない程度の物音を、一緒にいた別の人がすごく気にして「ここはうるさいから別の場所へ行こう」などと言われて、驚くようなことはないでしょうか。そして、「デリケートな耳を持った人だなぁ」などと思うかもしれません。

発達障害の子どもたちの脳は、いつもそうした状態にあります。そのために右脳が過剰に発達していて、左脳の働きがバランスよく育っていません。刺激に対して右脳が過敏に反応しても左脳の理性で処理するのが難しいため、パニックを起こしてしまいます。

このように、発達障害は五感の刺激に過敏であるために起こる、脳のトラブルが原因になっています。ですから、この脳のトラブルを解消すれば、発達障害は改善できるのです。

ところが、医師や教育者、心理士などの「専門家」とされる人たちは、「自閉症、アスペルガー症候群その他の広汎性発達障害、学習障害、注意欠陥多動性障害などの発達障害は、脳機能の発達が生まれつきアンバランスであるために起こる」と捉えています。つまり、「生まれつきの障害であるため、発達障害は改善しない」と考えているのです。

これらの「専門家」とされる人たちは、出発点が間違っています。「改善しない」という意識では、いくら取り組んでも「改善しない」のです。

それが、「改善する」という意識で「スズキ式家庭教育」に効率的に取り組むと、「改善する」ケースが劇的に増えるのです。子どもの成長は、1が2にも5にも10にも100にもなります。専門家から「発達障害は改善しない」と言われた子どもたちが、先にお話しした「二つのステップ」を実践することで2000人以上が改善し、普通級に入る子どもたちもたくさんいます。

親の意識を「発達障害は改善するんだ！」と変えて、子どもに適したメソッドで取り組むだけで、子どもの未来は大きく変わるのです。

たとえば子どもに習い事をさせるとき、指導法が不適切で、覚えさせるのに失敗ばかりしていて何の実績も上げていない先生に習うでしょうか？「この子には才能がないから、いくら習ってもできるようにはならないね」というネガティブな先生の指導を受けさせたいと思うでしょうか？

それよりも、「この子はきっとできるようになるよ」と言って、適切に子どもの能力を引き出してくれる先生、成功する方法を熟知し、改善の実績をもつ先生の指導を受けさせたいと思うはずです。

ところが、発達障害児の教育においては、なぜか、いくらやっても子どもを大きく改善させられないネガティブな先生の言うことばかり聞く親が多いのです。

大切なのは、発達障害を改善するために必要な情報を、親が自ら得ることです。そして、それを実践してみることです。

「スズキ式家庭教育」だからこそ子どもを伸ばせる

ＥＥＳ協会では、「スズキ式家庭教育」というメソッドを使って指導しています。親御さんの目の前で子どもにどんなふうに働きかけたらいいかを見ていただいたり、親御さんからのご相談に応じたりしますが、子どもを直接に教育することは、基本的にありません。とくに6歳くらいまでは子どもの教育はあくまで親が、とくにお母さんが家庭で行なうものだからです。

子どもはお母さんの胎内で10カ月もの期間を過ごします。その間、ずっとお母さんの声や心音などの胎内音を聞いて育っているのです。ですから、生まれたばかりの子どもにとって、いちばん親しみを覚える音は、お母さんの声や、抱きしめられたときに伝わってくるお母さんの心音です。その刺激が子どもの右脳にもっともスムースに入っていきます。

音だけでなく子どもへの働きかけは、赤の他人が行なうより、親であるお母さん、そしてお父さんが行なったほうが、その刺激は子どもの脳にスムースに入っていくのです。

医師や教育者、心理士などの「専門家」とされる人たちは、限られた時間にしか子どもを見ることはできません。ですから、子どもの一面しか知りません。けれども、お母さんや家族であれば、子どもと接する時間が多く、その子どもを見守り続けることができます。どんなに忙しいお母さんであっても、お腹の中にいるときから付き合っているわけですから、どんな専門家より子どものさまざまな面を知っているはずです。しかも、誰より親であるからこそ、子どものことを知ろうという気持ちが強く深く働きます。

日ごろはあまり意識しないかもしれませんが、子どもの良い面や得意なこと、性格、能力などを誰よりもよく知る機会に恵まれているのは、親や家族なのです。

ＥＥＳ協会の正式名は「エジソン・アインシュタインスクール協会」ですが、この名称に含まれる二人の歴史的な天才を育てたのは「家庭教育」だったのです。

「世界の発明王」トーマス・アルバ・エジソン（１８４７〜１９３１年）は、学校教育になじめず、小学校１年生を入学３カ月で落第しました。現在では、彼は発達障害であったといわれています。

エジソンは好奇心が強い子どもでしたが、１＋１＝２が理解できませんでした。彼のお母さんは、わが子が小学校を落第しても決して諦めず、家庭で教育を行ないました。その結果、歴史に名を残す偉業を成し遂げたことは、ご存知の通りです。

「20世紀最大の科学者」といわれ、ノーベル物理学賞受賞者であるアルベルト・アインシュタイン（1879～1955年）もまた、発達障害だったといわれています。5歳まではほとんど言葉を話さず、言語面で学習障害があったようです。しかし、9歳のときに「ピタゴラスの定理」に関心をもち、自分で証明に成功するなど、得意な科目の成績は傑出していました。その学習のきっかけをつくったのは父親や叔父でした。

エジソンやアインシュタインの業績は、まさに彼らが天才と呼ぶにふさわしい能力の持ち主だったことを証明しています。しかし、その能力を育てたのは、学校教育の枠にとらわれない家庭での教育だったのです。

やってはいけない！ストレス教育は発達障害に逆効果

近代の教育は、18～19世紀の強い軍隊をつくるために行なわれた兵士の訓練方法に基づいています。それは、「スパルタ式」に代表されるようなストレスの教育です。日本でも明治維新以来、富国強兵の名のもとに、この教育が行なわれてきました。

ところが、このスパルタ式の教育がもっとも向いていないのが発達障害のある敏感な子どもたちです。ストレスに過剰反応するため、まったく逆効果なのです。彼らの成長にはいちばん不向きで、害悪にすらなる教育法なのです。

19世紀ならいざ知らず、21世紀となった今こそ、脳科学に基づいた教育方法を実践すべきです。「スズキ式家庭教育」で目指すのは、子どもの脳の神経回路を形成することで、子どもにストレスをかけることではないのです。ストレスを過剰に与えると、どんな子どもでも心が捻じ曲がるのです。とくにストレスに敏感な発達障害の子どもにとってはもっとマイナスになります。

「学ぶ」という言葉の意味

「学ぶ」という言葉は「真似る」という言葉と語源が同じであるといわれます。つまり、学ぶ過程とは、見聞きしたことを真似ることに他なりません。「スズキ式家庭教育」では、子どもは親が行なうことや生活環境にあるものを見て聞いて真似ながら、触れながら学んでいきます。

それだけ親や生活環境は子どもの成長にとって非常に重要なのです。

自己イメージ

子どもが真似ながら学んでいく過程では、上手くいかないこともあります。そんなとき親が怒って大きな声でストレスをかけると、敏感な子どもほど過剰に萎縮してしまいます。学ぶチャンスを失うだけでなく、子どものなかに「僕はできない子なんだ」「私はダメな子なんだ」という自己イメージができあがっていきます。

自信を失った子どもは、学ぼうとしなくなります。とくにストレスに敏感な発達障害の子どもは、落ち着きを失ったり、パニックを起こしたりして、学ぶことが難しくなります。

褒め育て

子どもの学びの機会を増やすには、できなくても怒ってはいけません。できないことより、少しでもできたことを見つけて褒める機会をどんどん増やすことが大事です。たとえ失敗しても、やろうとしたこと、挑戦しようとしたことを褒めて、認めてあげることが大切なのです。

家庭こそ「奇跡の学校」

子どもの可能性は、無限大です。とくに脳の発達が活発な幼少期においては、子どもをよく見て、その子に合わせた働きかけをすれば、必ず伸びていきます。それができる最高の教師は親であり、最高の学校は家庭なのです。家庭はエジソンやアインシュタインを育てることができる「奇跡の学校」なのです。

発達障害があっても、成長発達サポート表の項目の90%に○印が付き、我慢と自信がつけば社会的自立の基礎は身についていますから、就学後の義務教育で勉強する内容を先取りして学ばせても構いません。子どもの特性に合うことなら、できる範囲でいろいろな習い事を始めても良いでしょう。わが子はこんなこともできるんだと、子どものもつ天才性に驚かされるでしょう。

6歳までに自立のための能力が育っていると、さらに9歳までの間に子どもは驚くほどの知識を吸収して、10歳で世界に羽ばたくことも可能です。

発達障害のために一年生の就学時は支援級へ入ることになっても、次の進級時には普通級への移行が可能になります。

(3)親が変われば子どもは変わる！

子どもの改善のために親が絶対にすること

どんな親にとっても、子育てはつねに初めての体験です。一人として同じ子どもはいないからです。とくに親自身が自ら体験したことがない発達障害の子どもを育てることは、まったく初めてのことになります。

何事も初めてのことは不安になるものです。発達障害の子どもをどう育てたらいいのか、専門家の意見や指導を求めたくなるのは自然なことでしょう。ＥＥＳ協会でもご相談を受けたり、指導したりしますが、他と違うのは、発達障害は改善できるという出発点に立って子どもへの働きかけを科学的に、継続的に行なうこと。そして、子どもの教育を行なうのは親であるということです。

まず、親が意識を変えることから始まります。そして、「成長発達サポート表」を使って、親が子どもの脳の発達状態の情報を把握しながら適切な働きかけをしていきます。

とはいっても、それまで専門家から「発達障害は改善しない」という指導を受けてきた親御さんのなかには、「発達障害は改善します。そのための『家庭教育』を実践するだけでいいのです」という私の言葉を理解するのが大変で、半信半疑で「家庭教育」を始める方もいます。

ところが、家庭で実際に取り組んでみると、ビックリするほどの目覚ましい効果が出てきます。すでにそうした体験をされている親御さんが全国にたくさんいます。その体験情報に触れて「全国に仲間がいる！」と励まされ、強い気持ちがもてたというお母さん、お父さんもたくさんいます。

3章

成長発達サポート表は子育てのバロメーター

(1)「発達検査表」から見えてくる希望

子どもの成長発達をサポートする「成長発達サポート表」

エジソン・アインシュタインスクール協会(EES協会)では、オリジナルの「成長発達サポート表」を使って、子どもの基礎能力の発達度合いを確認しています。この検査表には、発達障害の有無にかかわらず、6歳(月齢72カ月)までの成長バロメーターとなる576の項目が、「社会面」「言語面」「知覚面」「身体面」の四つの分野(144項目×4=576項目)に分類されています。

本書には読者の皆さんがすぐ利用できる「成長発達サポート表」の普及版(288項目)が掲載されています。109頁を開いて眺めてみてください。どの項目も親自身が家庭で子どもの様子を見ながら、チェックできるようになっているのがわかると思います。

「スズキ式家庭教育」は、「成長発達サポート表」に始まり、「成長発達サポート表」

に終わるのです。子どもの改善指導においても、親御さんが家庭で使っている検査表のデータを数値的に処理し、客観的に分析して、それぞれの子どもの特性に応じて、相談や指導を行なっています。

576の検査項目には、6歳までに身につけておくべき基礎能力が網羅されています。学校教育が始まる前の6歳くらいまでに、家庭で一つひとつの項目を身につけていくことで子どもの社会的自立の基盤がつくられていきます。

各項目には達成度に応じて○印か△印が付けられていきますが、満6歳の段階で全項目の90%に○印がつくように子どもに働きかけることが目標です。

親御さんが見れば、どの項目も「こんなことができればいいな」と思われることですが、子育ての日常では意外と見落とされやすいのです。それらが「社会面」「言語面」「知覚面」「身体面」という四つの分野に分類されて整理されています。

6歳までの子育ての目標が見えてきますし、現状でできていることと可能性、これからの課題がはっきりとします。成長発達サポート表は、まさしく子育てのバロメーターになります。

目標は90％以上の項目に○印が付くことですが、80％以上であれば、グレーゾーンです。小学校で普通級への進学が可能です。もし、51～79％であるなら現状では支援級、50％未満であるなら現状では支援校の対象となるというのが目安です。

大切なことは、これはあくまでも現状把握にすぎないということです。現時点で○印が付く項目が少ないからと、将来を悲観することはありません。仮に4月に満6歳を迎えたばかりの子どもが○印の項目80％以下であっても、普通級を諦める必要はありません。△印の項目が少しでもあれば、就学時健診までには半年近い時間がありますから、△印項目の中でやりやすい項目から効率よく取り組んでいけばいいのです。必ず○印の項目が増えて、普通級への進学の可能性を高めることができるのです。

たとえ○印の項目が就学時健診までに90％に達していなくても、伸び率が向上し、入学時までに90％達成が見通せれば、普通級を希望していいのです。

悲観して現状に留まっているよりも、一日でも1時間でも早く、家庭教育に取り組むことこそが大切なのです。

この成長発達サポート表は、子どもの現在の能力と可能性を客観的に把握するためのものです。親が気づいていないだけで、子どもは自分のペースで確実に伸びている項目があることを確かめるためのものです。できない項目に注目してはいけません。できそうな項目に注目してください。そこを手がかりにして子どもの未来を拓くのです。同時に、今は○印は付かないけれど、もう少しで△印を付けられる項目を見つけて、子どもに働きかける目標を的確に設定し続けるためのものです。

ちなみに、子どもが発達障害ではなくても、6歳時での基礎能力の到達度が90％に達していない場合は、何か特別な才能の兆しがあっても早期教育はあまり上手くいかないでしょう。教育を受けるために必要な土台ができていないからです。それでも早期教育を行なうのは、砂の上に家を建てるようなものです。

その意味では、発達障害の有無を問わず、子どもの才能を伸ばしてやるためには、この成長発達サポート表でのチェックが欠かせないのです。たとえ6歳以上になっていても、この成長発達サポート表にある基礎能力が90％まで育っていない場合は、いくら高等教育を受けても身に付きにくいので、教育効果が下がってしまいます。子どもが幸せな人生を歩む能力にはなっていかないでしょう。逆効果になるケースも考えられます。

成長発達サポート表（普及版）の特色

この成長発達サポート表は、本当は「家庭教育」の指導法を学んでから使っていただくと目覚ましい効果が得られるのですが、本書では、読者の皆さんがすぐに使える普及版を紹介します。

普及版の成長発達サポート表は、本書を読まれたうえで、すぐに家庭で使えるように設計されています。６歳（月齢72カ月）までに、子どもが自立していくために必要な基礎能力５７６項目のうちから、優先度の高いものを半分選んで２８８項目で構成されています。

どの項目も子育ての日常で起こることを、わかりやすい言葉で表現してあります。専門家が使う専門用語を使った難しい検査表より、子どもを普段から観察しているお母さんやお父さん、ご家族が自分の感覚や観察眼で判断できる内容にしたことが大きな特色です。

「うちの子は発達障害なのではないか」

と不安になったときのチェックに使えるほか、いったい子どものどこに発達の遅れがあるのかをより具体的に把握したいときにも使うことができます。定期的に同じ人が付けてください。

この成長発達サポート表の活用によって、家庭で子どもを教育するための具体的な目標を設定することができますし、それがどれぐらい達成できているのか、子どもに起こった変化や成長の度合いを確認することもできます。

先にもお話ししましたが、この成長発達サポート表では各項目に○印か△印を付けるようになっています。×印は絶対に付けません。○印はすでに獲得できた基礎能力を示しています。△印はもう少しで獲得できそうな基礎能力を示していて、当面の教育目標にもなります。家庭教育では、この△印を増やすことが大切です。伸ばせる部分が増えるからです。△印のなかで、親がやりやすい項目から子どもに働きかけることが、当面の教育目標になります。

「まだ完璧にはできないけれど、もう少しでできそう」

という、まさに成長の過程を表わすのが△印なのです。

大人の社会でもそうですが、普通は成果、つまりできたことにばかり目が向き、その過程はなかなか評価してもらえません。子育てでも、

「○○ちゃんが立った！」

「初めて言葉を話した！」

という「できた瞬間」には注目しますが、「もうすぐ立てそう」「もうすぐママって言えそう」という途中経過は、何となく見過ごしてしまうのです。

しかし、この途中経過の間、子どもの成長は止まっているのでしょうか？　もちろん、そうでないことは、お母さんがいちばんよくわかっているはずです。子どもは初めて立つ瞬間のために、経験とエネルギーを蓄え、表面には見えないけれど体や脳の中で薄紙を重ねていくように成長を続けているのです。

このことを理解していないために、成長発達サポート表を初めてチェックしたとき、あまりにも空欄が多くてがっかりしてしまうお母さんがいます。しかし、心配には及びません。スズキ式家庭教育の実践を始めて2週間後くらいに、もう一度チェックすると、必ず新たに△印が付く項目が増えているはずです。それこそ子どもの成長の証です。さらに日を重ねるにつれて○印や△印が付く項目が増えていき、子どもの成長を確認できます。親の気持ちが安心し、さらに希望をもって改善に取り組もうというプラスのサイクルが動き始めたのです。

ときには、順調に成長しているように見えたのに、伸び悩むことはあります。すると、急に不安になり、わが子の可能性を信じられなくなって落ち込むことがあるかもしれません。そんなときこそ、成長発達サポート表をしっかり見直して、○印や△印の項目を見てください。たとえ今は足踏み状態であっても、始めたときに比べて、こんなにできることが増えたのです。わが子の伸びていこうとする力を信じてあげてください。

親の心にも希望が必ず湧いてきます。

親子関係がプラスのサイクルで回転し始める

この成長発達サポート表は、親が子どもを科学的・統計的・合理的に観察することを可能にし、「スズキ式家庭教育」の効果を高めてくれます。親の感覚や抽象的な判断ではなく、具体的で客観的で継続的な判断なので、子どもの発達の度合いを的確に理解でき、漠然と感じていた不安が軽減します。同時に、

「これは○だった」

「ここは△だけだけど、もう少し伸ばせば○になる」

とチェックしながら考えていけば、見通しも付いてくるし、具体的な課題も見えてきます。手探りの子育てで迷ったり、上手くいかずストレスになったりすることが少なくなります。

どんなに忙しいお母さんでも、お金と時間とエネルギーと気力を無駄にすることなく、効率的に家庭教育を行なえるようになるのです。空欄がどんどん埋まっていくことで子どもの成長を実感できるので、それを毎日積み重ねていくことが楽しくなってきます。

親の意識次第で、子どもの見え方がまったく変わることに気づく親御さんがたくさんいます。これまでは子どもの「できないこと」を数えて苦しんできたのが、成長発達サポート表で「できること」が明確になるし、わが子の優れた点にも気づかされます。どんな子どもにも自ら発達する素晴らしい能力が備わっていることに感動することでしょう。

そのように、成長発達サポート表は子どもの発達状態を検査するだけでなく、他の子どもと比較して、できないことにばかりとらわれていた親の意識を変えるきっかけも与えてくれるのです。

少しでもできたら気絶するほど褒める

成長発達サポート表を使って子どもを伸ばしていくうえでもっとも大切な親の姿勢は、できるかぎり子どもを褒めることです。

○印、△印が付いたら、今までの百倍の言葉と笑顔で褒めてください。褒め言葉はマンネリになってもかまいません。何度も褒められているうちに子どもの心に浸透し、自信となって行動へと現われるようになります。それは、必ず次の「できること」につながっていきます。

とくに、今までできなかったことができそうな気配が少しでも見えたら、子どもが辟易して「もういいよ」と言うくらい褒めましょう。成長発達サポート表でいえば、△が付きそうになるタイミング、△が○になりそうなタイミングです。

他の子どもと比べない

決して他の子どもと比べながら褒めないでください。その子ども自身の過去と比較

して、

「こんなことができるようになったね！　すごいね！」

と褒めてください。

人間には、必ず未熟なところがあります。その部分を攻撃・非難するのではなく、褒めることで未熟な部分に気づかせて、伸ばしていくのです。


記入欄が真っ白だった成長発達サポート表に△印が付き、さらにその△印が○印になる。そんな項目が増えていくと、子どもの成長に希望が湧いてきます。そして、もっともっと子どもの可能性に向き合おうと思えるようになります。もちろん、親子関係がプラスのサイクルで回転し始めます。

「基礎能力、自信、我慢」から「思いやり、知恵、勇気」が育つ

自立のために必要な基礎能力を身につける過程で、子どもに自信、我慢、思いやり、知恵、勇気といった力が育っていくのがわかります。それらは成長発達サポート表の項目と連動しています。

たとえば社会面にある「欲しい物があっても、言い聞かせれば我慢できる」という項目は、我慢する力がどの程度まで発達しているかを見る目安になります。同じく社会面にある「オモチャ遊びなど、友達と譲り合って使うことができる」という項目は、思いやりの力が育っていることを見る目安になります。

小学校で学校生活を送るためには、言語や論理、理性といった脳の働きを司る左脳と、五感や情緒、感情といった脳の働きを司る右脳が連動してバランスよく発達していることが理想です。しかし、発達障害があると左脳より右脳のほうがかなり優位になっているため、五感の刺激に敏感になっているうえに、左脳と右脳の連動が悪いために、右脳で感じたことを左脳で制御するのが苦手になります。

「スズキ式家庭教育」では、子どもの脳に適した働きかけをし、「基礎能力」を充実させ、「我慢する力」や「自分を信じる力＝自信」を伸ばしながら右脳と左脳がバランスよく働く脳にしていきます。

就学後の学校生活では「基礎能力」「我慢する力」「自分を信じる力」に加え、「相手を思いやる力」「勇気」「知恵」などが必要になります。クラスメートとトラブルを起こさないで一緒に行動するためには、とくに「我慢する力」が必要です。具体的には叱る四つの原則である「わがまま」「いじわる」「うそ」「よくばり」を目安に育てます。

さらに、「挨拶ができる」、「やってはいけないことを理解している」といった項目にも注目します。


同時に、学校の授業についていくために絶対に必要な「基礎概念」を、小学校入学までに教えておいてください。

基礎概念とは、理屈抜きに覚えたほうが良い知識です。たとえば、次表にあるような①～⑭までの14項目です。

実は理屈抜きに覚えるのは、発達障害で右脳優位になっている子どものほうが適しています。取り組む際には、学習ホルモン（＝快楽ホルモン）が分泌しやすいようにし、楽しく遊びながら情報を入力したり、過剰なストレスを与えないようにしたりして、子どもが集中しやすいスピードで働きかけてください。

それぞれの項目の伸ばし方については、4章で具体的に紹介いたしますので参考にしてください。

①色

赤、青、黄の3色から始める。必ず1色で塗りつぶしたカードを使うこと。

3色が頭に入ったら、虹の7色、12色、108色へとドンドン増やしていく。

若草色、浅黄色、濡れ鼠色、などの微妙な色の違いがわかる脳になる。将来は、色彩関係の分野で活躍できるかもしれない。

②図形

丸、三角、四角の基本図形から始める。それぞれの形をした物（丸ならボールや太陽、三角ならおにぎりや山など）のカードを対応させることも、おススメ。

平面的なカードだけでなく、積み木などを活用して立体的な図形へ展開していく。色のついたカラー積み木で、いろいろな組み合わせをすると、面白く学べる。

図形をはめ込むパズルを使い、いろいろな形のピースを見せて、その図形の名称を教えながら、はめ込みさせるのも楽しい。子どもが戸惑ったときは、「お母さんがやってあげるね」と言って、子どもの目の前で、名称を言いながら正解にはめ込んで上げる。

子どものときに、親子で図形を楽しく遊んだ子は、図形に対してプラスイメージを持ちやすい。学習効果が高まり、算数クラスでの図形の授業が楽しみになる。図形博士などと言われると、それがキッカケで、中学校でも数学が得意になったりする。

③大小

大小とは、相対的な判断である。たとえば、犬はアリよりも大きいが、象よりは小さい存在である。この感覚は、日常の生活の中で、くり返し体験することで身につく。家にあるものを使えば、カードを使わなくてもかまわない。靴、お皿、ぬいぐるみなど身の回りのものを使い、「こっちは大きい」「こっちは小さい」と指し示しながら、楽しく言ってあげる。

親心としては、子どもが理解しているかどうかをすぐに確認したくなるが、そこは我慢。子どもは試されていると感じると、強いストレスを受け、できることもできなくなる。「出力は後回しにして、入力を優先する」こと。

それでも答えさせたいときは、絶対に入力できているという確信をもって、笑顔で尋ねる。大小両方を見せて、「どっちが大きい?」と、どっち遊びをして指差しをさせる。できるようになったら、「大中小」へと広げる。

※注意　「高い・低い」と混同しないこと

④数字

「数字」と「数」の概念を混同しないこと。数字(0、1、2、3、)とは、数を表す記号。数ではない。数の概念を学ぶのに適しているのは、グレン・ドーマン博士が発見したドッツ方式である。

エジソンは、1+1=の答えを2と答えることができなかったそうだ。学校の先生から、「お前の頭は腐っている」と言われたという。それがキッカケで、エジソンは不登校になり、小学校を3カ月で辞めている。

カードの表にドット(丸印)を描き、裏には数字を書く。表のドッツを見せながら、同時に裏の数字「1」「2」「3」も教える。「0」を教えることもできる。

5まで覚えたら、5の合成(足し算)の概念を教える。ドットのカードを見せながら、5は、0と5、1と4、2と3からできていることを入力する。すると、引き算のイメージも湧きやすくなる。

10の合成、15の合成、20の合成と進むうちに、より複雑な足し算や引き算もわかるようになる。

日本が世界に誇る「そろばん」も一種のドッツ。そろばんを習うと、計算能力が必ず高まる。上級になると、暗算能力もつくので、計算が短時間で、正確にできるようになる。計算に自信がつくので、とてもおススメ。

⑤量

まず、量の多い・少ないの感覚を教える。コップを2つ用意し、一方には極端に多く、一方には極端に少なく水を注ぐ。水の代わりになるものなどを使ってもよい。ただし、口唇期の特徴が残っている子どもには、注意が必要。口に入れても良いものに限定する。

何回かやっているうちに、感覚的に判別できるようになる。そうしたら、二つのコップの水の量の差を、少しずつ縮めていく。その差の程度によって、多い少ないの量の違いがわかる能力の定着レベルが確認できる。

次に、量の単位を教える。100ccや500ccや1ℓのペットボトルを使う。

100cc＝1dℓと教えると、10dℓが1ℓであることがわかる。

※量の単位と単位同士の関係を、超高速楽習カードで入力すると定着が早くなる。

⑥空間認識

体で覚えると良い。子どもを中心にして、右・左、前・後ろ、上・下の六つの概念を教える。

「左」「右」は混乱しやすいので、同時には教えない。最初は、徹底して「右」だけを教える。右手を触りながら「右」と教える。右足を触りながら、「右」と教える。

「右」が定着したら、「右」の反対が「左」と教える。それで、混乱が避けられる。

「右・左」を覚えたら、「前・後」「上・下」も教えていく。

「前・後」を教えるときは、物を使い、子どもの前に差し出して「前」、後ろに差し出して「後ろ」と教える。「上・下」も同様。

「左右、前後、上下」を覚えたら、家の「内・外」箱の「内・外」も教える。

必ず子どもの隣に立ち、前後・左右・上下が同じ向きになるようにする。向き合うと、ときどき子どもは間違ってしまい、脳の中が混乱してしまう。

⑦比較

比較の概念も、日常生活を利用して教えていく。

「これはこれよりも大きい」「こちらのほうが多い」など、数と量についての「より」という概念を教える。

数と量を覚えたら、「車は自転車よりも速い」「お母さんはあなたよりも高い」など、さまざまな比較表現へと広げる。

⑧順序

遊びの中で楽しく教える。人形やぬいぐるみなどを一定方向に並べて、1番目、2番目、3番目という順序の概念を教える。

慣れてきたら、「前から2番目、後ろから3番目」「上から2番目」「1番下」など、順番の数え方も教える。

数えられるようになったら、「このウサギさんを一番前に置いてください」というように、自分で並べさせる。

順序を学ぶ過程で、順番の意味がわかるようになる。子どもに「後、何人であなたの番よ」と言うと、見通しがつくので、順番を待つことがしやすくなる。

「順番を待つことができる」というのは、「我慢できる」ということ。すなわち、我慢する力も育つ。

※順番を、超高速楽習カードで入力すると定着が早くなる。

⑨時間

時計のオモチャを用意して、1時間ごとの時刻から教える。次は30分毎、15分毎、そして45分毎と教えていく。

生活の中で時刻を教えながら、「3時だからおやつにしましょう」「8時になったから寝ましょう」など、時刻と行動を関連づける。

※EES協会の時計カードは、1分毎になっている。事実を正しく細かく入力することで、より正しく判断できる脳の回路が形成される。

⑩お金

硬貨とお札を一通り用意し、それらが「お金」というものであることを教える。お金で、買い物できることも教える。また、実際にお金を触らせてみるのも良い。

お金になれてきたら、「50円と10円で60円になる」「100円と5円で105円になる」などの計算も教える。

お金を使って買い物をする場面を、たくさん経験させる。そうすると、「お金がないと、モノは買えない」ということを感覚的に学ぶことができる。黙って、お店からモノを持ってこようとしなくなる。

お店へ行ったときに、「実際に自分でお金を払って品物お釣りを受け取る体験」を、たくさんさせる。お金と引き換えに品物とお釣りをもらうことで、計算能力が上がる。

お買い物ができるようになると、記憶力も上がるし、会話力も上がるし、社会性も上がる。

お買い物が一人でできそうになったら、お買い物にチャレンジさせる。勇気も知恵も責任感も伸ばせる。

※EES協会の超高速楽習カードの中には、お金のカードも入っている。

⑪ひらがな

最初から、市販の「ひらがな五十音」の集合シートを見せてはいけない。混乱してしまう。カードを用意し、「あいうえお」の文字を一文字ずつ教える。

文字を教えるときには、「これから『あ』のつく言葉を三つ言いますよ。あり、あめ、あひる」などと、その文字が頭につく言葉も一緒に教える。

「あいうえお」を覚えたら、続けて「かきくけこ」「さしすせそ」と、五十音を各行ごとに教えていく。

※EES協会の超高速楽習カードには、絵と一緒に、ひらがな、カタカナ、漢字、英語が書いてある。超高速でフラッシュして見せて

いると、全てが入力されていく。定着すると、イメージ豊かに、ひらがな、カタカナ、漢字、英語が、判別できるようになる。

⑫カタカナ

「ひらがな五十音」をマスターしたら、ひらがなと対応して「アイウエオ」を教える。

⑬アルファベット

ひらがな、カタカナと同様に、アルファベットを1文字ずつ書いたカードを用意して、入力していく。英単語についても、身の回りにある簡単な単語を、ひらがな、カタカナと同様に教えていく。

生活の中で、入力した英単語を、親ができるだけ使うようにする。

お母さんが英語の発音に自信が無いときには、ネイティブが発音している音源を使って、真似して重ねて発音するようにする。いわゆる、オーバーラッピング。

たとえ口パクでもかまわない。母親の口元を見せながらネイティブの発音を聞かせると、FやHやSやthやVなどの発音技術が身につき、自然にネイティブの発音に似てくる。

⑭音

ピアノなどの楽器で、「ド・レ・ミ・ファ・ソ・ラ・シ・ド」を一音ずつ聞かせ、声に出しながら教えていく。音符も一音ずつ見せましょう。親子で楽しく取り組むと、効果抜群。

その他にも、基礎概念はたくさんあります。「足し算九九」も「掛け算九九」も理屈抜きに教えましょう。ＥＥＳ協会のスマートブレインコースでは、「角度」や「元素記号」も教えています。

⑵成長発達サポート表の正しい使い方

使い方のポイント

前述しましたように、本書には成長発達サポート表の普及版が掲載されています（109〜120頁）。誰でも簡単に利用できるようになっています。以下のことだけ確認しておいてください。

〈成長発達サポート表の使用手順〉

①成長発達サポート表をコピーする

本書にある成長発達サポート表（109頁〜120頁）をコピーし、部屋の目につきやすいところに貼り出します。

②基本情報を書き込む

1枚目に、お子さんの氏名と生年月日、記入者の氏名、最初の記入日を書き込みます。

③1回目のチェックを行なう

子どもの様子を思い浮かべながら、各項目に△印または○印の記号を記入します。そのときは下記の原則に従ってください。

●一度でもできたことが確認できた項目には△印を、8割以上の確率でできる項目には○印を付けます。もう少しでできそうな項目には△印を付けます。親バカになって付けると成功します。できない項目は空欄にしておきます。×印は絶対に付けません。

●成長発達サポート表の前半部分にある項目には、つかまり立ちやハイハイなど、現在の子どもの月齢では、もうやらなくなってしまった項目（＝卒業した項目）もあるかもしれません。その場合は、過去を振り返って8割方できていたなと思えれば○印を付けてください。

●お子さんがまだ小さい場合、後半部分の項目は、もう少し年齢が上にならなければできるようにならないだろう、という項目が増えてきます。それでも、最後まで必ず全項目をチェックして、該当するものがあれば○印や△印を付けてください。

④2回目からは定期的にチェックを行なう

最低でも2週間に一度、できれば1週間に一度、さらに曜日と時間を決めて必ずチェックするようにしてください。

2回目からは△印の欄と空欄（○印や△印が付いていない項目）だけをチェックし、新たにできるようになった項目があれば、追加で○印や△印を書き込んでください。チェックした日付、○印と△印の数は121頁の表に記入してください。

成長発達サポート表をチェックする場合の注意点

最初にチェックを行なう際は、判断に迷うこともあるでしょう。そんなときは、次のことに注意してください。

①絶対に×印を付けない

成長発達サポート表を使うときは決して×印を付けません。×印を付けないのは、目の前の子どもがどんな状態であっても、必ず伸びる可能性を秘めていると考えているためです。あまり厳格にやろうとすると、×印を付けたくなりますし、△印を付けることには足踏みします。それでは、どうしてできないんだろうと親にストレスがかかりますし、そのストレスは子どもにも伝わってしまいます。

②親バカ（＝ひいき目）でチェックする

〇印や△印の付け方は、親の主観で判断してください。このとき重要なのは、親バカで判定することです。そうすると、△印が増えます。つまり、取り組み対象項目が増えるので、とてもやりやすくなります。

「少し怪しいかな？」と思っても、「まあいいかな」とできるだけ肯定的にとらえて、ひいき目で△印を付けるようにしてください。

△印が付く項目は、もう少しで達成できる目標になります。前向きな気持ちで子どもに働きかけやすくなります。

③〇印にこだわりすぎない

△印を〇印にすることにこだわりすぎると、視野が狭くなって改善が停滞してしまうことがあります。そうしたときは、**〇印にすることより、△印を増やすこと**を心がけましょう。すると、新鮮な取り組みが増えるので、子どもが飽きるのを防ぐこともできます。

そして、「こんなことができるようになったね！　すごいね！」と子どもをたっぷりと褒めてください。そうしていると、いつの間にか伸びて、気づいたら○印に変わっていきます。

同じ△印の項目の中でも親が、より容易にできそうだと思える項目を優先的に選んで取り組んでください。成功確率が上がり、自然に○印が増えていきます。

成長スピードを把握したいときは、欄外などに○印や△印が付いた日付を書き込んでおくと便利です。

④プラスマインドで実践する

「どうしてうちの子どもだけ、こうなんだろう」と不安が心を占領していると、子どものダメなところにばかり目がいき、本当はできていることも目に入らなくなります。

ところが、「きっとこの子は自立できる、伸びる可能性がある」と思って、多少ひいき目であっても付けていると、親が想像していた以上に○印や△印が付く項目が増えてきます。

△印でも○印でも印が付いたら、その度に大いに褒めてあげてください。褒めることで子どもに自信が生まれるだけでなく、親が子どもの可能性を信じる力もどんどん

強くなります。

⑤月齢にこだわらない／脳の発達レベルを基準にする

この成長発達サポート表の項目には、出産時からの月齢に合わせて、達成が期待される発達内容が並んでいます。難易度が順に上がっていくように見えますが、並びの順は重要ではありません。気にしないでください。あくまでも子どもの特性や、到達できている項目、可能性の高い項目の有無を把握するものです。

世間では、月齢ごとのできること・できないことで子どもの発達程度を比較する傾向がありますが、これは大変な間違いです。子ども一人ひとりの脳の各分野の発達が全体的に見てどの程度進んでいるかを把握することこそが重要なのです。そのために最適なのが本書の子どもの成長発達をサポートする「成長発達サポート表」なのです。

できるだけ細かく観察、取り組みはできそうな△印から

この成長発達サポート表は子どもの発達状態を検査するだけでなく、親が自らの意識を変えるものであることは先にお話しした通りです。

発達障害を改善し、子どもの能力を育てるには、他の子どもと比較して、できない

ことにばかりとらわれていた親の意識を、目の前の子どもに集中させることが必要です。成長発達サポート表の空欄が△印で埋まり、△印が○印になる項目が増えていくと、子どもの成長に希望が湧いてきます。もっともっと子どもの可能性を見つけようという気持ちで子どもと向き合えるようになります。

そうなれば、親子関係がプラスのサイクルで回転し始めます。

成長発達サポート表の項目の中には、難しくてなかなか△印が付かない項目もあります。こうした項目は、闇雲に練習させても、子どものストレスになってしまいます。△印を付けるコツは、一気にできるようになることを期待するのではなく、できるだけ細かく子どもを観察し、課題の項目を分析し、少しでもできそうなところから取り組むことです。

たとえば「ケンケンパ」を教えるなら、まずは足の筋力をつけることから始めてみましょう。片足立ちができる、片足ジャンプができる、ジャンプをしてパッと両足を開ける、といった具合に動きを分解して、その一つひとつができるようになるたびに、たっぷりと褒めます。少しずつでもできるようになると、自信がついて恐怖心がなくなり、次のステップへ進めるようになります。

1回でもできて自信が芽生えると、練習を嫌がらずにどんどん挑戦していけるので、次の日には2回できるように、その次の日には3回できるようになります。

言語面を伸ばす「発語ノート」の使い方

言語面での成長を把握するために、ぜひ「発語ノート」を作って記録してください。そうすると、子どもが言いやすい言葉の傾向が見えてきます。言いやすい言葉から言ってあげると、くり返しやすくなります。くり返し口を動かすことで口の筋肉が鍛えられて言える言葉のバリエーションが拡大し、言葉の世界に入りやすくなります。どんなことを理解しているのか、何に関心があるのかなどが見えてきます。

発語ノートは、アイウエオ順に子どもが発した言葉を記録していくだけです。ノートが1冊あれば、今すぐ始められます。エクセルとかスマホに入力して管理しても良いでしょう。

お母さんが子どもの発語で気づいたことをお父さんに報告し、お父さんが記録するという方法もあります。夫婦のコミュニケーションにもなりますし、両親が揃って子どもに働きかけるきっかけにもなります。

専門家が使う発達検査表との違い

医療機関や療育センターなどでは発達検査表が使用されています。ＥＥＳ協会の成長発達サポート表と、一見すると似ていますが、「できる」「できない」をチェックする欄しかありません。これでは、子どもの可能性を見つけることが難しくなります。

また、医療機関や療育センターでは、専門家がチェックを行ないます。しかし、こうした専門家は、個々の子どもを深く理解できていません。面談のわずかな時間、子どもの様子を観察するだけということも珍しくありません。

しかも、子どもにとっては初めて接する人です。とくに、敏感な発達障害の子どもは非常に緊張して、いつもはできることができなくなってしまったり、パニックを起こしてしまったりします。

この間違った検査結果をもとに、「発達障害である」「この子は改善しない」と判定されることがほとんどです。

△印を付けられるかどうか、〇印に変わりそうかどうかは、細やかな視線でチェッ

クしなければ判断できません。しかも、子どもの可能性を絶対的に信じる気持ちで見るか、最初から懐疑的に見るかでも判断は違ってきます。

子どもの本当の状態を正しく判断できる最高の専門家は、子どもを深く理解している親しかないのです。もちろん、親の一方的な感情で判断してはいけませんし、科学的に客観的に判断することが必要です。本書にある「成長発達サポート表（普及版）」は、それを可能にしてくれるのです。

お子様氏名
生年月日　　年　月　日
記入者
記入日　　年　月　日

△印	○印	社会面の検査項目１
		人の顔をじっと見つめることがある
		あやすと、にっこり微笑む
		顔を動かして周囲を見渡すしぐさをする
		人を見るとにこっと笑うことがある
		そばに人が居なくなると不安そうになって泣く
		複数の人の中から母親を捜せる
		人見知りをすることがある
		母親と外に出ることを喜ぶ
		手に触れたものを口に入れようとする
		テーブルの上のものが気になって取ろうとする
		寝る時間、起きる時間が安定している
		小動物や動くオモチャに興味を示す
		手に持ったオモチャを大人に手渡しできる
		欲しい物があると近くの人に伝えることができる
		人形や動物のぬいぐるみで遊ぶことを喜ぶ
		赤ちゃんを見ると近づいて触りたがる
		「～を持ってきて」と言うと、お手伝いしようとする
		自分で上手くできると、パチパチと手をたたいて喜ぶ
		「ダメ」と言うと、ふざけてもっとやろうとする
		何かしたいことがあると、手を引っ張ったりして気を引く
		自分のしたいことには集中して続けることができる
		大人をまねてお手伝い（テーブルを拭くなど）の真似事ができる
		トイレに誘うと２回に１回はオマル（トイレ）で排泄できる
		おしっこをする前や、出た後にそのことを教える

△印	○印	社会面の検査項目２
		欲しい物があっても、言い聞かせれば我慢できる
		怒られそうになると、大人の注意をそらそうとする
		自分が、男の子か女の子かわかっている
		添い寝をすれば一人で寝られる
		一人でもシャツを脱ぎ着できる
		靴を一人で履くことができる
		食事の後片付けを手伝うことができる
		歯磨きの後、自分で口をすすぐことができる
		友達とケンカしたことを言いつけに来る
		他人と、物を貸したり借りたりできる
		ブランコなど遊具で遊ぶとき自分の順番を待てる
		信号の色の決まりがわかる
		一人で服の着替えができる
		ほとんどこぼさないで自分で食事ができる
		兄妹や他の子と自分を比べて嫉妬することがある
		家事のお手伝いができる(洗濯物を運ぶ、食事の用意など)
		服が汚れたら自分で着替えられる
		お腹が空いたとか、眠いとかを言葉で伝えられる
		自分の好きなオモチャや服があると自慢する
		脱いだ服をきちんと畳むことができる
		買物をするにはお金を払うなどの社会ルールがわかっている
		バスや電車で空席が無いときは我慢して立つことができる
		トランプ遊びで大人と一緒に遊べる(ババ抜きなど)
		体が汚れたら自分できれいにする(手足を洗う、鼻水を拭うなど)

△印	○印	社会面の検査項目３
		どんなに夢中で遊んでいてもオモラシをしない
		信号の意味など交通ルールがわかる
		危険な遊びなど、していいこととイケナイことを区別できる
		一つのことに集中して取り組むことができる
		ジャンケンのルールが理解できている
		遊びのルールを理解し守ることができる
		日常の挨拶がきちんとできる
		遊びに行くときは行き先を告げることができる
		自分の家族構成を理解している（父、母、兄、姉、弟、妹、私）
		電車の中など公共の場所でのマナーがわかる
		友達としばらくの間、仲良く遊ぶことができる
		歯磨きや着替えなど身の回りのことはひとりでできる
		年下の子に優しく接することができる（オモチャを貸す、仲間に入れる）
		友達から誘われても嫌なときはハッキリ断ることができる
		横断歩道を一人で安全に渡ることができる
		友達とケンカをしても、すぐに仲直りができる
		集団でやる遊び（すごろくやかるた）で、みんなと仲良く遊ぶことができる
		オモチャ遊びなど、友達と譲り合って使うことができる
		遊んだ後の片づけがみんなとできる
		物やお金を拾ったとき、どうしたら良いかがわかる
		集団生活のルールを理解し、実行できる
		一人で左右を間違わずに正しく、靴を履くことができる
		他人の物を壊したときはキチンと謝ることができる
		遊びや生活のルールを友達に教えることができる

お子様氏名
生年月日　　年　月　日
記入者
記入日　　年　月　日

△印	○印	言語面の検査項目１
		大きな声で元気に泣く
		状況によっていろいろな泣き方をする(空腹時など)
		母親の声を聞き分ける
		かん高い声を出すことがある
		親しい人の声を聞き分けられる
		「いないいないばぁ」に反応して喜ぶ
		音楽を聴かせると喜ぶ
		人の言葉を真似しようとする
		怒る、楽しいなどの感情を声で表現する
		「こっちに来て」と話しかけると反応する
		「〜はどこ？」と聞くと、物がある方を見る
		「パパ」や「ママ」など意味のある言葉をひとつ言う
		興味があると「アー」と言って意思表示する
		「パパ」「ママ」以外に意味のある言葉を３語くらい発する
		「ちょうだい」と話しかけると渡してくれる
		本を読んでもらいたがる
		「一つ」や「たくさん」などの量の区別ができる
		耳・目・口の区別ができる
		自分の名前を呼ばれると「ハイ」と言う
		「りんご」「キリン」など親の言葉を真似ることがある
		身体の部位名を５つ以上言える(目、手、足など)
		２語文を話せる(「ワンワン、行った」など)
		「もう一つ」の意味がわかる
		したくないことは「イヤ」と言える

△印	○印	言語面の検査項目２
		一人でも絵本を楽しんで見ている
		絵本に出てくるものの名前を指さして言う
		動作を表わす言葉が理解できる（歩く、振る、持つなど）
		鼻、髪、歯、舌、へそなどの区別ができる（３つ以上）
		頼まれたことを理解して行える（机の上の本を持って来てなど）
		「きれいね」「美味しいね」などと感情表現ができる
		大人との会話ができる
		食前・食後の挨拶ができる
		親切にしてもらうと「ありがとう」と言える
		「〜だから」と因果関係を使って話ができる
		友達の名前を１人〜２人言える
		親しい人と電話で話すことができる
		「昨日」「明日」の意味が理解できている
		何に使うものか？　品物の用途を３つ以上言える
		１〜50までの数唱ができる
		指示されたことを3つ以上実行できる（「戸を開けて、皿を出して…」など）
		見たことを順序よく話せる（家から花屋さんを通ってスーパーへ行った、など）
		簡単な問いに正しく答えられる（「お父さんの車の色は？」など）
		１〜20の数字が読める
		反対語が５つ以上理解できる
		20までの数字で、一つ前の数字が言える
		生活体験を話せる（「動物園で象を見た」など）
		間違った文の誤りがわかる（「チューリップは食べ物です」）
		しりとり遊びができる（２人で５つ以上）

△印	○印	言語面の検査項目３
		幼稚園や保育所の先生の名前が一人以上言える
		「ピョンピョン」「てくてく」といった擬態語を正しく使える
		品物の名と用途を10個以上言える（掃除機、時計、茶碗など）
		家族全員の名前を言える
		やさしいなぞなぞ遊びができる（冷たくて白いものなあに？）
		童謡を３曲以上きちんと歌える
		反対語が10以上わかる
		自分の家の住所をきちんと言える
		複数の助数詞を使い分けられる（○個、○枚、○匹など）
		身体の細かい部位まで10個以上言える（睫毛、まぶたなど）
		幼児語をほとんど使わずに話せる
		０から５まで数字と物の数の対応を理解できる
		ひらがながほぼ読める
		「～するもの教えて」と聞くと、3つ以上答えられる（書くもの、着るものなど）
		文の復唱が正しくできる（僕の顔には目が二つ、鼻が一つなど）
		カルタ取りができる（できれば読み手も）
		1～100までの数唱ができる
		自分の誕生日（生年月日）・年齢を言える
		鳥、果物の名前を５種類以上言える
		20→１までの数唱（逆唱）ができる
		今日は何年・何月・何日・何曜日が言える
		物語本のストーリーが理解できる（昔話、童話など）
		１分間に言葉（単語）を20以上言える
		わからないことがあると辞書や図鑑で調べられる

お子様氏名
生年月日　　　年　　月　　日
記入者
記入日　　　年　　月　　日

△印	○印	知覚面の検査項目1
		手を握ったり、開いたりする
		動くもの(玩具や人など)を目で追う
		ガラガラなどを握る
		玩具を舐めて遊ぶ
		自分から手を伸ばしてオモチャを取ろうとする
		小さなものなら摑もうとする
		片方の手に持ったオモチャなどをもう一方の手に持ちかえる
		手に持った積み木を落としたり、拾ったりする
		両手に持ったオモチャを打ち合わせることがある
		手に持った物を放り投げることがある
		自分でストローを使って飲むことができる
		水や砂などの感触を楽しむことがある
		鉛筆を持ちたがる
		一人でコップから飲むことができる
		積み木を2個積み重ねることができる
		玩具を目の前で隠すと自分で取り出せる
		鉛筆を持って殴り書きができる
		コップからコップへと水を移すことがある
		引き出しを開けて物の出し入れができる
		シール貼りができる
		スプーンであまりこぼさずに上手に食べることができる(80%くらい)
		色の種類がわかる(赤・青・黄のどれか一つ)
		紐を穴に通すことができる
		ボタン(スナップ)をはめることができる

△印	○印	知覚面の検査項目２
		１枚ずつ本のページをめくることができる
		４ピースのジグソーパズルができる
		紙を細かくちぎることができる
		ネジのある蓋の開け閉めができる
		粘土をこねたり、伸ばしたり、ちぎったりできる
		お茶碗を片手で持って、もう片方の手でスプーンを使える
		手助けすると、ボタンはめができる
		ヒントを出すと答えられる（家の中で赤い物はなあに？　など）
		どっちが大きいか？　正しく答えられる
		顔の絵をそれらしく描ける
		上・中・下、前・後の違いがわかる
		○△□以外の形（長方形・楕円形・星形・ハートなど）が３つ以上わかる
		積み木を10個、積み重ねることができる
		親指から小指まで順に指を折ることができる
		縦・横の線をまっすぐ引くことができる
		指で２と３を示すことができる
		紙を四つ折りにできる
		ハサミで線に沿って切ることができる
		左と右の区別ができる
		紐を結ぶことができる（固結び）
		箸を正しく持ち、使うことができる
		ハンカチで物を包んで結ぶことができる
		「２番目に大きい」「３番めに長い」など順番がわかる
		５つの物を見せて隠すと、４つ以上答えられる

△印	○印	知覚面の検査項目３
		ピンセットで大豆を摑むことができる
		多くの図形の中から同じ図形を見つけられる
		ハサミで色々な形を切ることができる
		２つの物を見て大小・多少の違いが直感的にわかる
		一週間の曜日がわかる
		色の名称が10個以上言える
		折り紙の端をキチンと揃えて折ることができる
		粘土で人参やウサギを作ることができる
		同じ種類によって分類できる（蜜柑と林檎、ウサギと牛など）
		午前と午後の違いがわかっている
		紙飛行機を自分で折ることができる
		手本を見て簡単な図形を描くことができる
		ハサミと糊を使って工作ができる
		絵描き歌に合わせて絵を描くことができる
		親子でアヤトリができる
		簡単な折り紙（兜、飛行機など）ができる
		順列のルールがわかる（○△□, ○△□, ○…）
		硬貨の種類がわかる（１円、５円、10円、50円、100円、500円）
		積んである積み木の個数がわかる（隠れている部分も含めて）
		何時かがわかる（12時、３時、５時など）
		ブロックで形ある物（家や自動車など）を作れる
		似た図形の違いを見つけられる（五角形と六角形の違いなど）
		経験したことを絵に描くことができる（絵日記など）
		２つの物の性質の違いを説明できる（卵と石、木とガラスの板など）

お子様氏名
生年月日　年　月　日
記入者
記入日　年　月　日

△印	○印	身体面の検査項目１
		腹這いにしたとき、少しアゴを上げる
		腹這いにしたとき、頭・肩を上げる
		腹這いにしたとき、頭を45度くらい上げる
		腹這いにしたとき、手足をバタバタと動かす
		両足を支えると、足を突っ張って立つ
		仰向けから横に転がる
		仰向けから腹這いに、腹這いから仰向けに寝返りできる
		一人でお座りがしっかりできる
		物に摑まって立っていることができる
		ハイハイで前進ができる
		つたい歩きをすることができる
		手押し車を押して歩くことができる
		高這い(膝をつけずにハイハイ)ができる
		２～３歩、歩くことができる
		安定して一人歩きができる
		しゃがんで床にある物を拾うことができる
		後ずさりすることができる
		速く歩くことができる
		手を支えると、段差のあるところを跨ぐことができる
		高さ20センチ位の台から飛び降りることができる
		手すりに摑まって階段を上り下りすることができる
		体を支えると、ボールを蹴ることができる
		「こっちに来て」と強く引っ張る力がある
		短い距離なら、しっかり走ることができる

△印	○印	身体面の検査項目2
		つま先立ちで2～3歩、歩くことができる
		横転(横にゴロゴロと転がる)ができる
		その場で1～2回ピョンピョン跳ぶことができる
		両腕を広げて真っ直ぐ歩くことができる
		ボールを転がして、目標物に当てることができる
		補助をすると、前転(でんぐり返し)ができる
		足を交互に出して階段を上ることができる
		イス(子ども用)などを持って歩くことができる
		ボールを足で蹴ることができる
		低いところを前かがみになってくぐることができる
		三輪車を自由に走らせることができる
		ジャングルジムに登ることができる
		どちらの足でも片足跳び(ケンケン)ができる
		馬とびの跳び方で台を跳び越すことができる
		水の入ったコップを持って、5メートル位こぼさずに歩くことができる
		45センチ位の高さから飛び降りることができる
		一人でブランコに座ってこぐことができる
		長縄跳びを1回跳ぶことができる
		片足で5秒位立つことができる(両足とも)
		ジャングルジムから降りることができる
		一人で前転が1回できる
		1.5メートル位離れた所から投げたボールを受け取ることができる
		縄跳びを一人で1～2回跳ぶことができる
		鉄棒で前回りができる

△印	○印	身体面の検査項目３
		棒のぼりの棒に５秒位、摑まっていることができる
		野球のボールを２～４メートル投げることができる
		前後左右に跳んで移動できる
		20センチの高さのゴムひもを跳び越える
		ブランコを立ち乗りで、こぐことができる
		立ち幅跳びで70～80センチ跳ぶ
		ボールをつくこと（ドリブル）が２回以上連続してできる
		スキップができる
		縄跳びが２回以上連続してできる
		前屈をして、膝を曲げずに足首に触れることができる
		足を押さえると、腹筋の運動ができる
		少し長い距離でも走れる（マラソンができる）
		ボールを投げたり受けたりすることができる
		しゃがんで足首を摑み、アヒルさん歩きが1メートルくらいできる
		足を押さえると、背筋の運動ができる
		片足で10秒位立っていることができる（両足とも）
		前転が２回以上連続してできる
		円の周りをスキップして回ることができる
		棒のぼりが途中くらいまでできる
		40センチの高さのゴム紐を飛び越えられる
		補助をするとブリッジができる
		リズムに合わせて身体を動かすことができる（ラジオ体操など）
		縄跳びが10回以上連続してできる
		鉄棒で逆上がりができる

スケジュール管理表

チェックした日	社会面		言語面		知覚面		身体面	
	△の数	○の数	△の数	○の数	△の数	○の数	△の数	○の数
初めてチェックした結果								
/　/								
2回目以降チェック（以下は△、○それぞれの増加数を記入する）								
/　/								
/　/								
/　/								
/　/								
/　/								
/　/								
/　/								
/　/								
/　/								
/　/								
/　/								
/　/								
/　/								
/　/								
/　/								
/　/								
/　/								
/　/								
/　/								
/　/								
/　/								
/　/								

(3) データ化と可視化で子どもの変化が一目瞭然

成長発達サポート表をデータ化する

成長発達サポート表は、そのまま使うだけでも成長の度合いを客観的に把握できます。さらに、時間の経過に伴った改善状況をデータ化して把握できれば、もっと子どもの発達を効果的に促す助けになります。

データ化というと、何か難しい処理をするように感じられるかもしれませんが、本書にある成長発達サポート表がそうであるように、家庭で親御さんが処理できるようになっています。

出てくるデータは三つです。その時点での発達レベルを数値化した成長発達指数（DQ値）と、直近で伸びる可能性（伸びしろ）を示す数値、そして、その両者を含めた数値です。

さらに、それらの数値を折れ線グラフにして、一目で改善の様子と変化を見ることもできます。

成長発達サポート表に○印や△印を付ける作業をしたあと、こうしたデータ化とグラフ化により可視化しておくと、普段気づかなかった子どもの成長まで確認することができますし、どこをもっと伸ばしていけばいいか、子どもに働きかける目安も得られます。さらに、学校や教育委員会との面談でも、親の希望を客観性のあるデータに基づいて伝えることができます。

ここでは、読者の皆さんが本書にある成長発達サポート表に、お子さんの様子を観察しながら○印と△印を記入したあと、どのようにデータ化し、グラフ化するか、その方法を紹介します。

データ化は簡単にできる

ⓐ「成長発達指数」、「可能性の数値」、「両者を含めた数値」を出す手順

①成長発達サポート表の社会面、言語面、知覚面、身体面に記入されている○印と△印を数え、それぞれの合計数を出す。

各面の○印の合計数は現在の基礎能力の到達度を示し、△印の合計数は伸びる可能

性（伸び代）を示す。

例 社会面の○印が31個、社会面の△印が12個の場合は、社会面の現在の到達度は31で、伸び代は12となる。

②○印の平均値を出す。

四つの分野の○印の合計数÷４＝全体の平均値

ただし、小数点２位以下は切り捨てる。

例 社会面31、言語面28、知覚面36、身体面33の場合

31＋28＋36＋33＝１２８　１２８÷４＝32　全体の平均値＝32

③②の平均値を実月齢（＝実年齢）で割り、１００をかけて％を出す。これが「成長発達指数（ＤＱ値）」である。ただし、小数点４位以下は切り捨てる。

成長発達指数が１００％になれば、成長発達サポート表にある基礎能力は年齢相応に身についていることになる。

例 実年齢が５歳10カ月（＝実月齢が70カ月）の子どもで、○印の全体の平均値が32

の場合は
32÷70＝０・４５７１４で、４位以下を切り捨てると０・４５７となり、
０・４５７×１００＝45・７％　成長発達指数＝45・７％
となる。約45・７％まで基礎能力が身についてきていることになる。

④次に△印の全体の平均値を出す。
△印の全体の平均値＝四つの分野の△印の合計数÷４
ただし、小数点２位以下は切り捨てる。
例社会面12、言語面17、知覚面13、身体面19の場合
12＋17＋13＋19＝61　61÷４＝15・２　全体の平均値＝15・２

⑤④の平均値を実月齢（＝実年齢）で割り、１００をかけて％を出す。この数値が「可能性の数値」となる。ただし、小数点４位以下は切り捨てる。
例平均値が15・２の場合は
15・２÷70＝０・２１７１４で、小数点４位以下を切り捨てるため０・２１７と

なり、

0・217×100＝21・7％　可能性の数値＝21・7％

となる。〇印が付くまでには到っていないが、もう少しで〇印になる可能性のある基礎能力が全体の21・7％あることになる。

⑥③の成長発達指数と⑤の可能性の数値を足すと、両者を含めた数値を得ることができる。この数値は、直近で伸びる可能性を含めた成長発達状態を表わしている。

例成長発達指数が45・7％で、可能性の数値が21・7％の場合

45・7＋21・7＝67・4％

直近で伸びる可能性を含めた成長発達状態＝67・4％

読者の皆さんは、①から⑥までの数値を出したあと、127頁にある成長発達サポート表のデータ記入表をコピーし、そこに一連の数値を記入してください。定期的に記入していきますと、子どもの変化が数字の上にもはっきり表われていることを確認できます。

データ記入表

		／	／	／	／	／	／	／	／	／	／	／	／
社会面	○印の合計数												
	△印の合計数												
言語面	○印の合計数												
	△印の合計数												
知覚面	○印の合計数												
	△印の合計数												
身体面	○印の合計数												
	△印の合計数												
○印の合計数													
○印の平均値													
成長発達指数													
△印の合計数													
△印の平均値													
可能性の数値													
現在の発達度合													

	0	3	6	9	12	15	18	21	24	27	30	33	36	39	42	45	48	51	54	57	60	63	66	69	72
社会面の発達																									
言語面の発達																									
知覚面の発達																									
身体面の発達																									

(b)成長発達度合いが一目でわかるグラフ作り

①成長発達サポート表のデータ記入表にある社会面、言語面、知覚面、身体面それぞれの○印の数と、「○印＋△印」の数を利用する。

例社会面の○印が31個で、社会面の△印が12個の場合

・○印：31

・○印＋△印：31＋12＝43

②128頁にある記入用のグラフをコピーし、見本のグラフ（Tくんのグラフ）を参考にしながら、①の○印の数と、「○印＋△印」の数に該当するグラフ上の箇所に点を付ける。点は各面のタテ線の中央に付ける。この作業を各面について行なう。その作業が終わったならば、各面の○印の数に該当するグラフ上の四つの点を実線で、「○印＋△印」の数に該当するグラフ上の四つの点を点線でつなげる（たいていは折れ線になる）。

このグラフ化の作業を定期的にくり返していくと、グラフ上の折れ線の変化を見るだけで、社会面、言語面、知覚面、身体面がどのように発達しているかが一目でわかる。

Ｔくんのグラフ

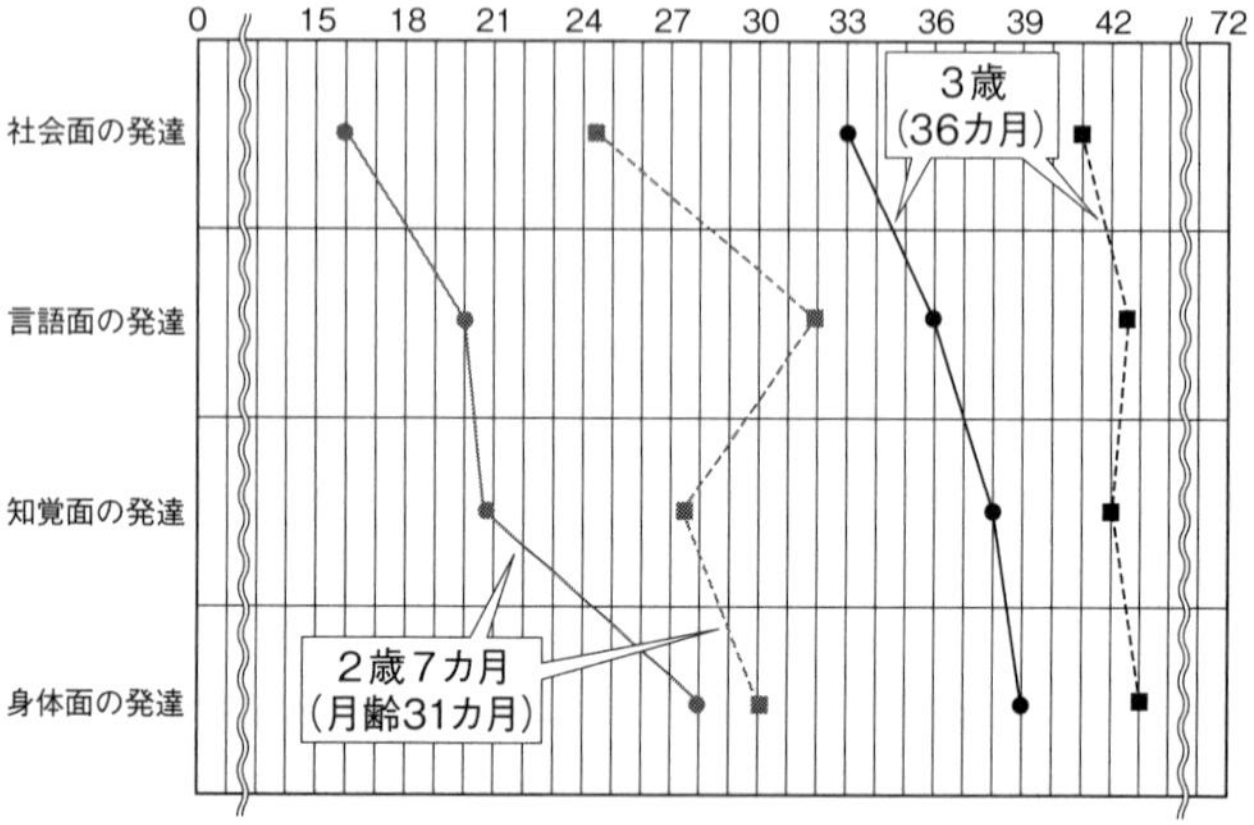

実線は、成長発達サポート表の「○」の合計数を結んだもの。
点線は、成長発達サポート表の「○」と「△」の合計数を結んだもの。

同時期の○印の折れ線と「○印＋△印」の折れ線の間隔は、直近での成長発達の可能性を示している。より広いほうが子どもの伸びしろが大きく、改善のスピードが速くなり、成長発達の確実性が高まることを示している。△印の付いた時点から○印が付くまでの期間が短くなっているからである。

こうしたことを視覚的に読み取ることができるのが、このグラフの特徴である。

③記入するごとに折れ線の色を変えると、さらに変化を視覚的に確認しやすくなる。

データの活用法

データ記入表とグラフを活用すれば、親

の主観ではなく、客観的なデータとして子どもの成長発達状態や改善の可能性が見えてきます。

また、就学時健診の際に、データ化しグラフ化して、可視化した資料を持参することで、子どもの状態をより客観的に説明しやすくなります。その際、とくに次の2点を示すことが重要です。

①成長発達指数（DQ値）の変化

これによって、

「ここまで成長発達指数が伸びてきているので、このままいけば4月の入学までに間に合います」

というビジョンを提示することができます。

②グラフの折れ線の変化

折れ線の推移は、改善のスピードや改善の確実性を示しています。改善に取り組み始めてから、確実に成長していることを客観的に提示することができるのです。

また、折れ線は「社会面」「言語面」「知覚面」「身体面」のそれぞれの発達度や可能性を示しているので、4つの面の成長のバランスを見ることもできますから、子どもの特性を示すこともできます。

入学時までの課題について説明することもできます。たとえ、確実にできたことを示す○印が少なくても、途中まではできていることを示す△印まで含めた数が大きければ、入学までの伸び代が大きいことを客観的に提示できます。

天才性を伸ばすことに注目!

すべての分野で、○印の合計数が65を超えたら(90%を超えたら)、早期教育に着手しても良いと思います。あるいは、小学校の学習内容を先取りして始めても良いでしょう。

もし余裕があるようなら、子どもの特性を伸ばすために、得意分野に積極的に取り組んでもいいでしょう。子どもの特別な能力をさらに伸ばすことができます。

6歳までの基礎能力が十分に身についている子どもは、何をやっても吸い取り紙のようにあっという間に驚くほどの吸収力を示します。早期にさまざまな知識を学んでしまえば、学校での授業がとても楽になります。これは、発達障害があってもなくても、どんな子にも共通する事実です。

グラフには、子どもの特性が明確に現われます。四つの分野のどこに特性が現われるかで、子どもの特別な能力を見出すことも可能です。とくに9歳までの時期は、その能力が非常に伸びやすいので、ぜひ、前向きに活用してください。

(4)子どもを伸ばす驚きのセオリー

発達障害の改善を加速する〝三つの柱〟実践

就学時を迎える6歳までに基礎能力を身につけることが発達障害を改善し、普通級での学校生活を可能にする。これが、これまでお話ししたことです。

その効果を高めるために、EES協会でおすすめしている三つの実践があります。それは、「親の意識改革」と「子どもの脳の体質改善」と「超高速楽習法」の三つです。

このうち、「親の意識改革」については、これまでお話ししてきたことと重なりますが、とても重要なことなので、確認の意味も含めて述べることにします。

「親の意識改革」が重要なのは、幼少期の子どもほど、発達障害の改善のための行動を自分からはしないし、やらないし、できないからです。ですから、子どもに代わって誰かがやってあげなければならないのです。それが親なのです。その親が諦めてしまったら、子どもは一生、社会的に自立する道を閉ざされてしまうでしょう。

諦めないためには、親が自ら意識改革をし、プラス思考で実践することが必要です。

これまで
「なぜうちの子は、他の子ができることができないのだろう？」

「やっぱり、ムリかしら」

と考えていたのなら、

「わが子の発達障害は絶対に改善できる！」

「わが子の可能性は無限大！」

「普通のやり方でダメなのは、天才の卵だからだ！」

と変え、それを心の底から信じましょう。

親自身が心から信じなければ、親の心に横たわる不安が、とりわけ敏感な発達障害の子どもに伝わってしまいます。どこまでも、わが子の可能性を信じきってあげてください。

「親の意識改革」は、子どもの天才性を発見することにもつながります。すごいところがいっぱいあると思って子どもを観察すると、見え方が１８０度変わってきます。親子関係も変わってきます。

私はしばしば、「発達障害がある子、知的障害がある子は天才性を秘めている」と言っていますが、それはどういうことかと聞かれることがあります。それは、彼らが右脳を主に使っていて左脳で理解して判断しようとしていないため、物事の本質が曇りなく見えるからです。それこそ天才性を示していると考えています。

だからこそ、彼らへの指導が本物かどうか、取り組みの結果が如実に現われるともいえるのです。


「子どもの脳の体質改善」が必要なのは、発達障害というトラブルは脳で起きているためです。

医学的に捉えると、脳は臓器の一つです。そして、すべての臓器の活動に必要なのは酸素や栄養素であり、それらを運ぶのが血液なのです。

ところが、酸素や栄養素を運ぶ血液の質が悪ければ、あるいは血液の流れが悪ければ、臓器はうまく機能しません。脳という臓器も同じです。もし脳でトラブルが起こっているとしたら、脳に送られる血液の質と血流を改善することが不可欠です。それによって、脳の機能がより良い状態になることはまちがいありません。脳の体質改善ができることもまちがいありません。

ところが、脳のトラブルで発達障害が起こっているにもかかわらず、これまでの教育法や療育法では、脳という臓器の健康状態にまで踏み込んでいませんでした。

血液の質や血流にもっとも影響するのは「食事」と「睡眠」です。とくに睡眠については、見逃されがちですが、休養だけでなく生命エネルギーの生成という重要な役割があります。

いずれにしても、脳の体質改善をはかるためには食事の質と睡眠の質を高めることが欠かせません。ですから、発達障害を改善するには、できるだけ早く子どもの食事と睡眠の習慣をチェックし、脳の体質改善につながるように改善しなければなりません。

具体的なことは後ほど説明しますが、始めたら最低でも4カ月は続けてください。それで、確実に脳の体質改善が促進され、発達障害の改善にもつながることでしょう。というのは、体質が変わるには90日から120日（3カ月から4カ月）かかるといわれているからです。血液の中の赤血球が入れ替わるのに必要な期間です。食事と睡眠の改善を4カ月続けると、血液の質が改善します。逆にいえば、4カ月は続けないと、脳の体質改善の効果は期待できないということです。

学習力を高める〝超高速楽習法〟

「超高速楽習法」は、発達障害の子どもの脳の機能を高めるうえで非常に効果的な方法です。「学習」ではなく「楽習」にしているのは「楽しく習う」ことが大事だからです。

EES協会では独自の「超高速楽習カード」を使っていますが、ポイントは絵と文字が描かれたカードを、その子が集中する速度でめくりながら読み上げることです。こうすると、何をやってもじっとしていられなかった子どもたちが、効果的に情報を吸収して記憶し、判断する力も育ちます。「集中」と「記憶」と「判断」の能力が育つのです。行動も変わります。

とくに、学習の入口である「集中」が正確に行なえないと、次の段階である「記憶」も正確にできません。当然、続く「判断」も正確に行なえません。発達障害の子どもが学習できないのは、情報の入り口である集中が難しいことにあります。

もちろん、長時間にわたって集中することは大人にとっても簡単なことではありません。とくに乳幼児期は「何のために」という目的を理解できませんから、自分が興味をもつ物事にしか集中できません。ですから、子どもが興味をもつ方法、子どもの感性が反応する方法で大人が導いてあげなければならないのです。

とくに発達障害があると、五感が敏感すぎるため、少しの刺激に強くストレスを感じて過剰に反応します。刺激にきわめて敏感なので、五感の敏感さに振り回されないようにする工夫が必要です。そのために非常に有効なのが、集中できるスピードで情報を入力する〝超高速楽習法〟なのです。

常識では、劣っている子にはゆっくり情報を与えたほうがいいとされていますが、少なくも発達障害のある子どもに関するかぎり、そうではありません。五感が非常に敏感なので、ゆっくりと情報を受け取っている間に周りの刺激に脳が振り回され、それがストレスになって伝えたい情報に集中できなくなってしまうのです。

一方、高速で情報を提供されると、他から入ってくる余計な刺激に反応している暇がないので、伝えたい情報に集中しやすくなるのです。しかも、単なる高速ではなく、超高速のほうがもっと、敏感な子どもにストレスをかけずに集中が維持できるので学習効果が飛躍的に高まります。

五感を活用し、基礎概念を教える

発達障害児は、他の子ども以上に五感を多用しているので、五感が研ぎ澄まされています。その分、余計な情報まで受け入れてしまい、脳が混乱しやすいのです。我慢と自信が不足しているうえに、理性的な判断能力や自己コントロール能力が不十分なままなので、社会生活への対応ができないという状態なのです。

その姿を見て、親御さんは何とか無理にでも働きかけようとしますが、そうすればするほど、ストレスで脳はますます混乱するため、ますます上手くいきません。親子でストレスが増すばかりです。必要なのは、子どもの敏感な五感に適した働きかけなのです。

最初に子どもにインプットすべき基礎概念についてお話ししましたが、この場合も子どもの敏感な五感を活用して教えると、上手く伝わります。

具体的には、次のような工夫をしてみてください。

〈基礎概念を教える四つの工夫〉

①五感で把握しやすい教材を用意する

五感からのインプットでは、視覚と聴覚を同時に活用した教材が有効です。ＥＥＳ協会では身の周りの物事を描いた絵とその名称の文字が記された独自の超高速楽習カードを使用しています。このカードを親が高速で読み上げると、子どもはカードに驚くほど集中し、絵と文字と音で一気に覚えながら、物事の概念を把握します。

覚えさせたい物事を絵で描き、そこに名称をひらがな、カタカナ、漢字で併記して自作のカードを作ってもいいですし、写真を撮り、そこに名称を書き込んだカードを自作しても良いでしょう。

使うときは、視覚と聴覚を同調させることがポイントです。ですから、超高速楽習カードを使うときは、必ず読み上げながらめくってください。

②子どもの反応を見ながら速度を調節する＝周波数を合わせる

教材を使うスピードは、子どもの目を見ながら調節します。子どもの目が泳ぐようなら、それは遅いというサインです。もっと速くめくってみてください。

速度を変えてみて、子どもの目が泳がなくなり、体も動かなくなったら、フラッシュカードに集中しているサインです。また、同じ子どもでも日によって集中するスピードが変わります。ですから、毎回必ず、目を見て確認するようにしてください。一般的に、年齢が小さな子どもほど、速くする必要があります。

子どもによっては、コンマ5秒もかからずカードを見て頭に入ってしまうことがあります。落ち着いて座って見ていられない場合は、すでに頭に入ってしまって飽きているサインです。どんどんスピードアップしてみましょう。

③余計な説明や確認は不要

教材を使う場合には、単語を復唱させたり、「黄色はどれ?」などと確認したりする必要はありません。絶対に子どもを試してはいけません。

ただし、何度もインプットをして確実に頭に入ったと思われるころに、遊び感覚で質問をするのはかまいません。

たとえば、お母さんがニコニコしながら2枚のカードを出して「赤はどっち?」と聞きます。指し示せなくても瞳が正解のほうへ向けば、確実に理解していると判断できます。正解したら、やりすぎだというくらいに褒めてあげましょう。

答えが間違っているときは、何も言わず、正しいカードを子どものほうに差し出すだけで、正しい答えが子どもの頭にインプットされます。決して、「間違っているよ」「こっちが正解だよ」などと言ってはいけません。過剰ストレスになってしまいます。

④楽しく行なう

あくまでも「楽しそうに」「遊び感覚で」やることがポイントです。笑顔で、ニコニコと楽しそうにやりましょう。

とはいえ、子どもが集中できるような時間に行なってください。時間があれば朝昼晩の一日3回、時間がなければ一日2回、それぞれ5〜10分でかまいません。子どもの集中が続けば、どれだけやってもかまいませんが、子どもが嫌がったら無理にやらせてはいけません。

親の気持ちに余裕がなく笑顔になれないときは、絶対にやってはいけません。子どもがなかなか集中しなくて、立ち上がってウロウロするようなときでも、怒ったり声を荒げたりして、過剰なストレスを与えてはいけません。たとえ子どもが見ていなくても、テンポよくカードをめくりながら楽しそうに読み上げていってください。子どもは見ていないようでも耳では聞いているので、「楽しいことをやっている」と感じれば、そのうち興味をもちます。

カードのときではなくても、日常生活のなかで言葉を教える機会をできるだけつくってください。たとえば、楽しい歌を歌いながら歌詞を覚えさせるようにするのは、とても良いと思います。

自己コントロールを身につける

どんな子どもでも、社会生活を営むためには、まず我慢することを覚えることが必要です。それには、子どもが不安になる原因を取り除きながら、不安に打ち克つ力を育てることが必要です。

「スズキ式家庭教育」では、子どもの我慢する力を育てるために「五つの魔法の言葉」を言い聞かせることをすすめています。何度もくり返していますと、子どもの脳に刷り込まれて我慢する力が身についていきます。

五つの魔法の言葉

「あなたは、楽しく我慢できます」
「あなたは、楽しく挨拶ができます」

「あなたは、楽しく思いやりができます」
「あなたは、楽しく学べます」
「あなたは、運がいい。ツイてます」

我慢を覚えさせるには、「楽しく我慢する」という回路を脳内につくってあげなければなりません。そのために効果的な実践法があります。まず、子どもの気を引きそうなオモチャを用意し、「ほしい？」と聞きます。子どもがほしいという意思を見せたら、「あげるから、ちょっと待ってね」と言って「1、2、3」と3つ数えます。それから、「はい！」と手渡し、「よく待てたね」とたくさん褒めてあげます。

次は、数える数を少しずつ増やして、我慢する時間を長くしていきます。

さらに今度は、オモチャを「一度返してね」と言って返してもらい、適度に数を数え、また渡してあげて、我慢できたことをたくさん褒めます。

一度渡したオモチャを子どもが返すことを嫌がったら、無理に取り上げるのではなく、嫌がらないようになるまで待って返してもらいます。

こうしたくり返しを続けていくことで、だんだん我慢できる時間が長くなります。

数を数えながら子どもを待たせるとき、数えながら手を叩くので待ちやすくなります。子どもは楽しく待つこと、楽しく我慢することを覚えます。「楽しく待てば、オモチャがもらえる」「楽しく待つと、いいことがある」とわかるほど、子どもはワクワクしながら待てるようになります。

大脳生理学では、楽しさを感じるとき脳内にはドーパミン、セロトニン、エンドルフィン、ギャバといった快楽ホルモンや学習ホルモンが分泌されることがわかっています。

学習ホルモンが分泌されたときに学習をすれば、学習は短期間に完成します。これが、「スズキ式家庭教育」が目指している大脳生理学的アプローチなのです。

楽しく我慢する、楽しく待つトレーニングを続けるうちに、子どもは我慢すること、待つことの意味を理解して、落ち着いてじっとしていることができるようになります。

ただし、子どもが待つこと、我慢することを覚えようとしているとき、親は絶対に約束を破らないでください。せっかく築いた信頼関係を壊してしまいます。

たとえば、家事で手が離せないときに子どもに何かをせがまれ、「後でやってあげる」と言いながら、すっかり忘れてしまうような場合です。「後でやってあげる」という言葉を信じて、子どもは精一杯我慢しながら待っているのです。必ず、やってあげてください。もし、どうしても約束が守れなかったときは、必ず「ごめんね」と謝ってください。

子どもの自信の元となるのは成功体験ですが、発達障害の子どもの場合は成功体験が少ないうえに、褒められることも多くないので、成功の喜びを知りません。これでは我慢、そして自信が身につきようがありません。

子どもに我慢と自信を身につけさせるには、どんなに小さな進歩でも何かができるようになったら、大いに褒めましょう。

次頁の表に褒め言葉を60語例示してあります。どう褒めればよいかわからないときは、これを参考にしてください。褒め言葉はワンパターンでかまいませんが、必ず親の喜びの気持ちを込めてください。

子どもを褒める60の言葉

よくがんばった	上手い	たいしたもんだ
よくやった	上手	すごい

すごすぎる
すばらしい
やればできる
さすが
あっぱれ
立派
感動した
最高
見事
素敵
かっこいい
賢い
日本一
世界一
天下一

銀河一
宇宙一
Good job！（グッジョブ）
wonderful（ワンダホー）
地球を変えるリーダー
Bravo！（ブラボー）
great（グレイト）
complete（コンプリート）
amazing（アメイジング）
大丈夫
驚きだ
ビックリした
超一流
輝いてる
私の誇りだ

大物
ヤッター
偉い
胸が震える
胸がいっぱい
万歳
エェー！
オォー！
幸せ
涙が出る
おりこう
優れている
優秀
天才
名人

ワクワク　完璧　真のチャンピオン
救世主　大立者　達人
鳥肌が立つ　勝利者　perfect（パーフェクト）

他の子どもと比べず前向きに

親が子どもに働きかけるときは、前向きな視点、前向きな思考、前向きな言動、前向きな態度、前向きな行動を継続することがとても大事です。しかし、子どもと毎日接していると、不安や迷いで心が落ち込みそうになることもあるでしょう。

そんなときは、鏡を見ながら口角を上げてみましょう。フリでもいいから笑顔を作ってみましょう。それだけでも、前向きな気持ちが湧いてくると思います。

血流が悪くなると気分が落ち込みやすくなります。そんなときは、血流をよくする工夫もしてみましょう。

自分自身にプラスの言葉をかけて、暗示をかけるのも良い方法です。

何より、他の子どもと比べることは絶対にやってはいけません。誰も、他人の人生を生きることはできないのです。他人と比べて貴重な時間とエネルギーを浪費するなんて、大変な無駄です。

夢をもつことも必要です。子どもにオモチャを与えても、すぐに飽きてしまうことがありますが、それは、そのオモチャを得る前の夢が不足しているからです。子どもがオモチャをほしがったら、すぐに買い与えるのではなく、「いついつ買いましょう」とオモチャを得るタイミングを未来に設定します。そして、その日が来るまで毎日、そのオモチャを使ってどんなふうに遊ぶか、どう使うか、どんなときに遊ぶか、どこへ置くか、誰と遊ぶかなど、「そのオモチャが手に入ったらどんなにうれしいか」という夢を親子で語りましょう。

そうして、子どもと夢を共有することで、親も前向きな気持ちになれます。

子どもをよく観察できる親になる

「スズキ式家庭教育」において大切にしなければならないのは、子どもを誰よりも詳細に観察することです。褒めるにしても、子どもの集中力を見極めるにしても、観察なしには行なえません。

親という漢字を細かく分解してみると、右側のつくりは「見」です。すなわち、「子どもをよく見る」ことが親の大切な仕事なのです。

左側のつくりは、木の上に「立つ」が乗っています。子どもを育てるには、親自身が多くの経験や知識を増やして自分という「木」を大きく伸ばすことが必要です。その「木」の上に立つことにより、より高い見地から子どもを指導できるのです。

本書にある成長発達サポート表は、子どもを正しく観察するために役立ちます。各項目に注目しながら子どもの様子を観察すれば、さまざまな変化の兆しに気づくことができますし、「もうじきできそうなこと」を後押ししてあげて、効率よく「できること」を増やせます。「ぜんぜん成長していない」と感じるときでさえ、子どもは小さな一歩一歩で着実に前進していることを感じ取ることができます。

とくに発達障害の子どもにとっては、成長発達サポート表にある項目は、親御さんがよく観察して、意識的に働きかけなければ自然に身につかないものが多いと思います。よく観察して、たとえ一つの項目でも身についてきたら、思いっきり褒めてあげると、他の項目もどんどん身につくようになっていきます。

馬鹿親にならず「親ばか」になる

成長発達サポート表にある基礎能力の各項目について子どもの状態を判定するときは、必ず「親ばか」になってチェックしてください。△印を付けたり、△印を○印にしたりしても、定期的にその変化を見ていけば、客観性を欠くことにはなりません。成長発達サポート表の項目は、じつはやってみたことがないだけで「やらない＝できない」と思い込んでいたことが多いのです。それでは、いつまで経っても△印を付けられなくなります。当然、取り組みの対象は少なくなります。取り組みの対象が少ないと、伸ばす機会も、褒める機会も減りますから、親子でストレスが溜まってしまいます。

子どもの判断基準は、五感に基づく「快」「不快」の感覚です。親バカになって親が笑顔で褒める言葉こそ、子どもにとって「快」になります。さらに親が笑顔で褒めると、子どもはもっと「快」を求めて行動するようになります。

一方、親が「どうして、うちの子はできないの？」という気持ちでいるかぎり、子どもはいつも責められていると感じ、「不快」になります。とくに、発達障害の子どもは、そうした親の気持ちに人一倍敏感で、親が一生懸命働きかけるほどパニックになりやすく、逆効果となってしまいます。これを馬鹿親と言わずに、なんと言いましょうか！

「してはいけないこと」を学ばせる

社会性を身につけるには、「してはいけないこと」を覚えることも必要です。とくに、「わがまま」「いじわる」「うそ」「よくばり」の四つについては、しっかりと教え、「しない」と約束させなければなりません。

この四つは、子どもが学校や社会で生きていくことを妨げる要因になります。日常から「してはいけない約束」と決めておき、気づいたらすぐに注意するようにしましょう。子どもも「自分が悪かったから注意されたのだ」と理解しやすくなります。

注意するときは、声を荒げたり、大声を出したり、ぶったり、叩いたりしてはいけません。子どもの耳元で2、3回、「叱る4つの原則」をささやくだけで十分です。

思いやり、知恵、勇気の回路をつくる

我慢と自信が身についたら、次は思いやり、勇気、知恵の回路をつくります。

思いやりとは、「他人を幸せにする力」です。私は、これを「幸福力」と言っています。思いやりが身につけば、人を攻撃しなくなりますし、命を大切にするようになり、子ども自身の幸せにつながります。

勇気とは、前向きに挑戦する気持ちです。少しでもチャレンジする気持ちが見えたときは、認めてあげてください。抱きしめましょう。

知恵とは、右脳の情報を組み合わせて問題を解決する力や、言葉で相手に伝える力です。

こうした回路をつくるためにぜひ心がけてほしいのは、子どもをよく観察して、ちょっとでもできていたら、たっぷりと褒めることです。「すごいね、〇〇ができたね」と、子どもを伸ばす言葉を語りかけて暗示をかけてあげてください。

具体的に、どんなことで褒めたらいいか挙げておきます。参考にして、どんどん褒めてあげてください。

褒めるときの目安になること

・最後までやりとげる
・失敗したことがわかる
・約束を守ることができる
・自分から行動できる
・どうしたら上手くいくか考えたり、工夫したりできる
・自分の感じたことや思ったことが言える
・中途半端にせず最後までやる
・上手くいくか、いかないかを判断できる
・ごめんなさいと言える
・お金を大切にする
・いろんなことに関心をもつ
・人を優しく思いやる
・命のあるものを大切にする
・ありがとうが言える

・自分で決めて行動する
・物を大切にする
・リズムに合わせられる
・新しいことでもチャレンジしようとする
・イヤなことはイヤと言える

10分間バスタイム学習法で効果を高める

スズキ式家庭教育の効果を高めるには、血流をよくすることが大切です。血流が良くなると学習効果が高くなるのは、子どもに限らず、大人でも同じです。脳の血流が良くなると、脳内の神経回路が活性化し、情報交換の効率が高まるので学習効率が高まります。

後述する「パワーアップ体操」や、足や脊髄などのマッサージ、散歩や縄跳びなどの軽い運動などを学習前にしておくことも効果的です。

入浴も脳の血流をよくしてくれます。俳優がお風呂でセリフを覚えるという話をよく耳にしますが、理に適っています。そこでおすすめしたいのが「10分間バスタイム学習法」です。

いつもより1度ほど温めのお湯に子どもと一緒に浸かり、いろんな学習をするのも効果的です。「落ち着いてきているね」「トイレでおしっこができるようになったね」と、褒め言葉をいっぱいかけたり、基礎能力の項目にある言葉や数字の学習をするといいでしょう。

ただし、時間は長くてもせいぜい10分間です。1日たった10分間でも、1年間では3650分です。やるとやらないでは雲泥の差です。

脳の血流を良くする工夫

①「パワーアップ体操」で体力アップ

血流をよくする方法はいろいろありますが、ぜひ毎日実践してほしいのが次にご紹介する「パワーアップ体操」です。体操といっても1分程度で誰でもできる簡単なものですから、ぜひお母さんが率先してやってみてください。お母さんが楽しそうにやることで、子どもも自然に真似するようになります。そうなれば、改善の効果がどんどん高まります。

パワーアップ体操

足を肩幅程度に広げて立ちます。肩の力は抜きましょう。

ⓐ両腕を心臓よりも高く上げて、前に向かってグルグルと5～10回回します。

ⓑ左右の肩と腕の力を抜いて、だらりと下げます。手首を体から少し離して、できるだけすばやく10秒間、ブルブルと振ります。

ⓒさらに超高速で、小刻みに10秒間振ります。

ⓐ

ⓑ

ⓒ

これだけで、指先がジーンとして薄い膜を張ったような感覚になり、血流が非常によくなります。

発達障害のある子どもは、親の生命力の強弱にも強く影響されます。なぜなら、敏感な子どもは、親の感情だけでなく、親の体調不良まで敏感に感じ取り、影響されるからです。ですから、親の生命力を上げることも大切なのです。「パワーアップ体操」も役に立ちます。親が心身とも元気なほど、子どもの発達障害は改善しやすくなります。

②ふくらはぎ、足裏、脊髄などをマッサージ

発達障害のある子どもには低体温が多いのです。体温が低い状態では、私たちの体は正常な機能を保つことができません。これには、血流が滞っていることも関係しています。

下半身に下がっていった血液を再び上半身へと押し上げるためには、ふくらはぎなどの筋肉の働きも大切です。それで、ふくらはぎは「第2の心臓」といわれることもあります。血流をよくするために、子どものふくらはぎ、足裏などをマッサージしてあげましょう。

とくに決まったやり方があるわけではありません。就寝前に、足裏やふくらはぎなどをさすったり揉んだりしてあげるだけです。手のひらも同じように揉んであげてください。血流がよくなって全身が温まり、スムースに睡眠に入れるようになります。

血流がよいと精神状態もよくなります。

脊髄のマッサージも非常に有効です。脊髄は脳とともに中枢神経を成り立たせる大切な器官です。背骨にそって仙骨（尾てい骨の少し上のあたり）から首筋に向かって、背中を撫でるようにさすってあげましょう。服の上からでもいいですし、風呂上がりにベビーオイルなどをつけて、肌に直接行なってもかまいません。入浴時にお風呂で行なってもよいでしょう。一日に何度やってあげてもいいので、気づいたときに気軽に行なってみてください。

③体を冷やさない

私の長年の研究では、発達障害の子どもには体が硬い子や便秘がちの子が多いのですが、これも血流がよくないためです。人一倍敏感でストレスを過剰に感じやすいため、血管が収縮して血流が悪くなりやすいことも影響しています。

ですから、親が意識的に血流をよくしてあげることを考えなければなりません。

それには、体を冷やさないことが大切です。とくに栄養分を吸収する臓器の血流が悪くならないように、腸を冷やさないようにします。夏でも腹巻をさせたり、冷たいものを飲み食いし過ぎないようにしましょう。

血流をよくするには水分補給も心がけましょう。体を温めることも考えて、体温に近い37度前後の温かい白湯か麦茶かルイボスティーなどを起床後と就寝前に飲ませてもいいでしょう。

血流がよくなると、体を動かしやすくなりますし、それによってさらに血流がよくなるという好循環が生まれます。

脳にストレスを与えない工夫

大脳生理学から発達障害をとらえると、処理しきれない過剰なストレスが脳に加わったときに起こる「脳の炎症」とみなすこともできます。過剰なストレスのことを「キラーストレス」ともいいますが、脳細胞や血管を破壊するほどの強い作用が起きるので、脳内でもトラブルが発生します。

脳に炎症が起きると、血液が脳に過剰に集まり、脳が興奮状態になります。すると、精神的にコントロール不能になり、異常行動につながるのです。

大脳には毛細血管が縦横無尽に張り巡らされています。炎症を治すために脳に、血液が大量に集まるとトラブルを起こします。とくに右脳と左脳をつないでいる「脳梁《のうりょう》」といわれる部分に血液が溜まりやすくなります。その結果、右脳と左脳の連動が悪くなるのです。

子どもは右脳で感じたことを左脳で考えずにそのまま行動してしまう傾向がありますが、とくに発達障害の子どもの場合は、この傾向がもっとも顕著です。過剰なストレスで右脳と左脳が連動しにくくなり、自己コントロールできないからです。

また、左脳は言葉を司っていますが、右脳と左脳が連動していないと、自分の感情を上手く言葉にできないので、イライラして奇声を発したり、爆発させたりします。多動になったり、頭をドンドンと壁にぶつける自傷行為を起こしたりもします。

そうした子どもの姿を見て親は、感情が不安定になって興奮し、つい怒ってしまいやすいのですが、絶対に怒ってはいけません。敏感な子どもほど不安や孤独を感じやすいからです。そもそも子どもを怒るということは、親の感情処理であって一種の幼児虐待ともいえます。

親が怒ると子どもは、強いストレスを感じます。すると、脳内にアドレナリンが分泌されます。アドレナリンは闘争ホルモンなので脳が興奮してしまい、学習どころではなくなってしまいます。

子どもにストレスを与えないために、いちばんいいのはお母さんの笑顔です。私はお母さんたちに、笑顔で「あなたはいい子ね」と3度くり返し言いながら10秒間ほど抱きしめてあげてくださいとお願いしています。お母さんの体温も伝わり、安心するでしょう。10秒という時間は、短すぎずに「しっかりダッコしてもらった」と感じられる時間です。それよりも長いと、子どもが飽きてしまうこともあります。もちろん、飽きなければもっと長く抱きしめてあげてもよいでしょう。

最初は子どもが嫌がることもあります。逃げ出すこともあります。でも辛抱してください。諦めないでください。そのうち素直に受け入れるようになります。

就寝時にお母さんと同じ布団で寝るのも、お母さんの体温を感じられるという点で、とてもよい方法です。

積極的に摂りたい食品・サプリメント

大豆、果物、ヨーグルトなどの乳製品、海藻、アロエ、うなぎ、穀物や果物の皮、カニの甲羅、エビの殻、野菜、七分づきの玄米、納豆、味噌、小魚、青魚、こんぶ、スルメ、メイプルシロップ、大豆レシチン、リゾ・レシチン、糖鎖、食物繊維、EPA、DHA

避けたい食品

パン、スナック菓子、ジュース、インスタントラーメン、ジャンクフード、添加物、化学調味料、白砂糖、牛乳

腸に良い食生活に変える

発達障害のある子どもには、アレルギーを抱えている子が多いという傾向があります。これを改善するには食生活の改善が必要です。

アレルギーを起こさないためにはアレルギーを引き起こす原因物質（アレルゲン）を控えれば良いのです。アレルゲンのうち、代表的なものが牛乳に含まれているカゼインと小麦に含まれているグルテンです。この二つを除去しただけで、アレルギーはもちろん、発達障害が消えたという事例がアメリカで報告されています。

アレルゲンを調べるには即発性および遅

発性のアレルギー検査を同時に行なうといいでしょう。

腸の機能を高めることも重要です。というのも、胃で消化された食べ物は腸（小腸）で栄養吸収されるので、脳へ栄養を運ぶには、まず小腸で十分に栄養を吸収しなければなりません。それに、小腸には免疫細胞をつくる器官が集中しています。

とくに子どもの腸の働きを向上させるには、フラクト・オリゴ糖を含んだ食物繊維が役立ちます。加えて、余分な化学物質を体内に摂り込まないために、化学的な旨み調味料や保存料などの食品添加物はできるだけ避けるよう、心がけることも重要です。

脳のメカニズムに適した生活に変える

①脳の栄養学
大脳生理学から見ると、発達障害の改善には「脳の栄養学」を理解しておくことが絶対に必要です。

五感から入った刺激は、電気エネルギーに変換され、神経線維を通じて脳内を伝わります。脳内の神経細胞と神経細胞をつないでいる接合部をシナプスといいます。ここは直接には繋がっていません。シナプスでは神経伝達物質であるアセチルコリンというボールのキャッチボールをすることで情報を伝えています。そして、この情報を受け止めるのが、細胞のアンテナの役割をしている糖鎖（＝8種類の糖タンパクからなる鎖）なのです。

ですから、アセチルコリンが不足しても、糖鎖が不足しても、キャッチボールが上手く行なえず、脳内での情報伝達は低下してしまいます。脳の働きを活性化するためには、このアセチルコリンと糖鎖という栄養素を食べ物から意識的に補うことが必要なのです。

ラットを使った生態反応試験では、

「レシチンを多く摂ることによってシナプスの数が増え、記憶力、集中力、学習力が25～30％上がる」

ことがわかりました。アメリカの大学の研究では、精神的に不健康な人の脳に含まれているレシチンは、健康な人の2分の1程度だったという報告もあるそうです。

レシチンとはアセチルコリンの原料です。

糖鎖は、簡単にいうと細胞間のコミュニケーションツールで、細胞を外敵から守る役割も果たしています。この糖鎖の原料となる糖鎖栄養素を摂ることも必要です。

糖鎖栄養素とレシチンを多く含む食品は、大豆、果物、ヨーグルトなどの乳製品、海藻、アロエ、うなぎ、穀物や果物の皮、カニの甲羅、エビの殻、ツバメの巣などです。

私は納豆に卵黄とメカブを混ぜたものを朝食のメニューに加えたり、豆乳のヨーグルトにカエデ樹液100％のメイプルシロップを混ぜたものをおやつにしたりすることをおすすめしています。食事だけでは不足しがちになりますから、その不足分の栄養素を補うために、必要な期間は栄養補助食品（サプリメント）を活用することをおすすめしています。

②酸素

人間には酸素が必要ですし、脳を働かせるには大量の酸素が必要です。酸素をいちばん吸収するのは眠っている時間です。ぐっすり眠っているときに腹式呼吸になり大量に酸素を吸収し二酸化炭素を吐き出して、体力を回復させるのです。

睡眠が深くなると、疲労回復に使われる成長ホルモンも多く分泌され、疲労した脳の回復が速くなります。

一般的に、人は緊張すると呼吸が浅くなります。発達障害のある子どもは日頃から緊張することが多いため、常時呼吸が浅い状態にあり、脳へ十分な酸素を送り込むことができません。

脳に酸素を送り込むためには、鼻呼吸も大事です。口を開けてする呼吸では脳に優先的に酸素を供給できません。口を閉じることによって、脳への酸素供給量が増え、知的活動が支えられ、発達障害が改善するのです。

酸素をたくさん体内に取り込むためには、深呼吸が効果的です。一日に数回、「思いっきり息を吸ったり吐いたりすると気持ちいいんだよ」と話しながら、深く吸って吐いてを見せてあげます。子どもが面白がって真似てやるようにすると、子どもの呼吸も深くなり、落ち着きます。これだけで、脳への酸素が増えます。

自然が豊かなところは、都市部に比べて、大気の酸素濃度が高いというデータもあります。緑が豊かな森などへ出かけて、自然の刺激を受けながら呼吸するのもいいでしょう。

感情をコントロールするために

子どもの成長に不可欠な条件の一つが、精神的に安定した環境です。それには、親が安定した感情で子どもと接することが必要です。ですから、親が自分の感情をコントロールすることが、とても大事なのです。

何度もお話ししていますが、それにはまず、笑顔でいることです。子どもに接するときは、笑顔が必須条件です。「パワーアップ体操」で体をリラックスさせるのもいい方法です。顔の筋肉が緩んできて、笑顔をつくりやすくなるからです。仕上げに、鏡を見て口角を上げてみましょう。

子どもに接するとき、できるだけポジティブな言葉を使うと、親の感情も安定します。

一呼吸が子育ての極意

いったん興奮して感情的になってしまうと、興奮している自分にさらに興奮して制御不能に陥ることが多いのです。子どもが思うようにならず、興奮してしまいそうなときは、何かを言う前に一呼吸しましょう。一呼吸して深く空気を吸うと、肺に新鮮な空気が送り込まれ、血中の酸素濃度が上がります。血中の酸素濃度が上がると、心拍数が下がり、心臓の負担も軽減されます。興奮が冷めてきます。

一呼吸している間に、言うべきことをもう一度チェックできるので、後で「言わなければよかった」と思うような無駄なことを言わなくても済みます。

〝いいあんばい〟〝8割主義〟がうまくいく!

成長発達サポート表は、6歳までに身につけるべき基礎能力が細かく整理されています。それに沿って子どもに働きかけをしていけばいいのですが、けっして完璧を狙ってはいけません。先にお話ししたように、80%到達できていればいいのです。〝8割主義〟です。

たまたま1回できただけでも○印でよいのです。まだまだ先が遠くても、できそうだなという兆しが見えたら△印です。

100%にこだわると、どうしても子どもに何度も挑戦させることになります。でも、それをくり返していると、子どもはストレスを感じ、抵抗するようになります。にもかかわらず無理強いすると、パニックになります。子どもがパニックをたびたび起こすようになると、親も「子育てノイローゼ」になってしまうでしょう。

〝8割主義〟でさっさと合格させて次の取り組みへ進めば、子どもは飽きません。完璧を求めて同じことを何度もくり返すよりも、バリエーションをつけるほうが子どもは飽きないのです。

完璧を求めたら、窮屈になりますし、楽しさを感じないので続かないのです。これでは効果は限定されてしまいます。食事や生活習慣の改善でも〝8割主義〟にしましょう。たとえば、アレルゲンを100％除去しようとしたら、外食などはできません。せっかく子どもに落ち着きが出てきて外食も楽しめるようになってきたのに、アレルゲンを完全除去する目的で外食を避けたら、せっかくの楽しみがなくなってしまいます。〝いいあんばい〟〝8割主義〟のほうが継続でき、最終的には大きな力になるのです。

4章

親ができることは何でもやろう！

(1)就学時健診の前までにすること

就学時健診を乗り越えるコツ

就学時健診に先立って、幼稚園や保育園から教育委員会や小学校へ

「この子は療育に通っている」

「この子は発達障害の可能性がある」

「この子は自閉症スペクトラムと医療機関で診断されている」

などと申し送りされますから、不安に感じる親御さんは多いことでしょう。

しかし、心配には及びません。対策は簡単です。

就学時健診で支援級や支援学校をすすめられるのは、入学時に子どもの月齢に応じた能力（6歳児に必要な能力の9割程度）ができていないと予想される場合です。そうはいっても、多くの親は、子どもの月齢ごとの必要な能力が何かは知りませんし、自

分の子どものどんな能力が足りていないのかもわかりません。ですから、対策のしようがないのです。

そこで、本書に掲載する「成長発達サポート表（普及版）」の出番です。EES協会で採用している成長発達サポート表（詳細版）を使えば、もっと正確に把握できます。現状で足りない基礎能力について把握できますし、入学までに身につける基礎能力もわかりますから、それを身につけられるように準備していけばいいのです。

もし、就学時健診までに間に合わない項目があっても、

「これとこれについては、現在トレーニング中です。今、ここまでできているので、入学までには身につけさせます」

と、親がきちんと説明できれば学校は安心します。

子どもの現状を感覚的に見ているだけでは、こうした説明はできません。

成長発達サポート表を使えば、客観的に「できること」「できないこと」を把握でき、改善の進み方や親子の取り組みも明確になります。そのことを説明すれば、入学までに、「できないこと」を「できること」に改善することが可能だと、学校や教育委員会にも理解してもらえます。

本章の末尾で、就学時健診にあたってお母さんたちが行なった取り組み事例を紹介しますので、それもぜひ参考になさってください。

△印が一つ増えるたびに気絶するほど褒めましょう

成長発達サポート表の項目に△印が一つ増えたら、気絶してしまうくらい褒めてください。このとき、早口でパワフルに、できるだけたくさんの言葉で褒めてください。せっかく褒めても、ゆっくりと同じ言葉をくり返すと、子どもの脳にはストレスになってしまいます。

ですから、褒めるときもカードによる超高速楽習のように、パワフルにスピーディーに言いましょう。真剣に褒めたお母さんたちからは、息が切れて自分が気絶してしまいそうだったという話を聞きますが、それくらい褒めてほしいのです。子どもが理解できない褒め言葉であっても、親の気迫で子どもには褒められていることが伝わります。

すると、子どもの心に一発で浸透していき、

「できるようになったら、褒められた」

と感じます。お母さんが感動して喜ぶ姿を見ることで、子どもは自信をつけます。「自分はできるんだ！」という自己肯定感を強めると、他のこともできるようになります。それにともなって、我慢もできるようになります。子どもは自分が劣っているのではなく、「今はまだできないだけ」「これからできるようになる」と感覚でわかるので、我慢もできるようになるのです。

「伸びている！」というアピールが大切

就学時健診は、「11月の検査以降にも伸びるだろう」という前提には立っていません。ですから、親が「この子は伸びている」「これからも、もっと伸びる」ことを、担当の専門家にアピールすることが大切です。

「今はここまで、できます。この項目はもうじきできるようになります。これまでこんなふうに伸びてきたので、入学までにここまで伸ばします」

と主張しましょう。

子どもの教育権は親にあるのです。

よく考えてください。子どもの教育権は、誰にあるのでしょうか？　それは親です。

学校ではありません。親が学校に教育を委任しているのです。ですから、伸ばすことを前提にして、普通級に入れることを願うのは親のエゴでもなんでもありません。ましてや、普通級に必要な基礎能力を伸ばすために、一生懸命に家庭教育を実行しているのですから、「普通級で教育を受けさせる」という権利を主張してもいいのです。

これまでの改善状況をデータとして提示し、誠心誠意話をすれば、学校や教育委員会の担当者も鬼ではないので、非情なことは言えなくなります。最終的な決定権は親にありますので、諦めないかぎり、学校や教育委員会を説得できます。

コラム

先輩ママのアドバイス「就学時健診の傾向と対策」

就学時健診を目指して発達障害の改善に取り組んだ先輩ママたちが実践したことをまとめておきます。参考にしてください。

○今すぐ始める食生活改善

「食生活の改善は、今すぐに始められます。試しに小麦粉、牛乳を除去して、和食中心のメニューに変えてみるだけで、問題行動が減ることもありますよ」

○まず成長発達サポート表を

「就学時健診の対策として具体的に何をやれば良いのかわからないとき、成長発達サポート表が大きな力になってくれます。

最初のチェックは、スタートのレベルを記録するくらいの気持ちで十分です。空欄があっても、『きっとできないだろう』という先入観は捨ててください。他の療育の知識があると迷いが出てきますが、まずはわが子の改善を信じて、成長発達サポート表に取り組みましょう」

○学習よりも基本を重視

「就学時健診の対策としては、学習のドリルをやるよりも、成長発達サポート表にある項目を伸ばすことが大事だと感じました。基本ができていないと、普通級は厳しいと判断されてしまいます。基礎能力が身につくと、子ども自身の自信になります。学習面よりも先に、社会面や身体面の基礎能力を伸ばしていくようにすると、最終的には学習面にも好影響があります」

○進路指導には成長発達サポート表を持参して

「小学校入学の進路指導は年長の6月から始まります。幼稚園・保育園から申し送りがあり、市の担当者、教育委員会と面談するケースもあります。こうしたケースでは検査をすすめられるので、就学時健診までに必要なデータが揃います。

しかし、就学時健診の際に他の機関から申し送りがされていない場合もあります。そのときは、発達指数などの提供を求められるので、改めて療育センターなどに発達指数検査を受けに行かなければなりません。療育センターが混んでいるとすぐに発達指数検査を受けられずに待つ場合もあるので、要注意です。

就学時健診までに、療育センターの資料と、EES協会の成長発達サポート表、今までの経過、特性の箇条書きを用意しておき、持参するとスムースに検査や面談を受けることができ、親も冷静にわが子の改善状況を説明することができます」

○トイレトレーニングは重要

「就学時健診までに、できるだけトイレトレーニングが終わっていると良いと思います。うちの子のころは、3歳児健診で検尿があり、それに間に合わせて行なう傾向がお母さんたちの間にありました（現在の状況は違っているかもしれませんが……）。トイレトレーニングは、トイレトレーニングの本などを参考に行ないました。

発達障害の子どもの場合は、排便を面倒くさがる子どもや、大便の硬さにこだわって手でいじる子どももいます。なぜトレーニングが進まないのか、本人のこだわりなども気にしながら行なうとトレーニングを進めやすくなります」

○校長先生に会いに行きましょう

「年長児の就学時健診の前後から入学までに、3回ほど校長先生に会いに行っておくと良いですよ。そこで、子どもの特性や対応策、親の希望、給食の問題（保健の先生と話し、アレルギーのことも伝えます。アレルギー面談があれば、除去したい食物を伝えましょう）などを話しておきます。

普通級へ通わせたいという希望を告げるときには、親の覚悟も伝えましょう。

また、面談のときに、校長先生の教育理念や学校方針なども知っておくと、親子同伴登校など学校側への対応策もできます。

最初のタイミングは、改善の効果が現れ始めてからで十分です。4歳などあまり早い時期から行き、わざわざ学校に〝目をつけられる〟必要はないと思います。

また、学校を決める前には、運動会や開放日などに行って子どもの反応を見ます。支援級や普通級をあらかじめ見学させてもらったりするのも良いでしょう。感覚が過敏な子どもは、匂いや場所などで嫌がる場合もあるので、何回か子どもと一緒に行っておくことは大切です。

気に入らなかったら、2月までなら学区外申請も間に合います」

○「いじめ」が心配なときは親同伴登校を宣言しましょう

「いじめについての学校側の対処を調べておくと、親の覚悟が決まります。もし学校の対応に不安を感じるなら、親同伴登校を申し出ましょう。親が同伴することで、いじめもある程度は防げます。

いじめがあるクラスは、担任がその子を受け入れる姿勢がない場合がほとんどです。学校も担任に任せているので、学校が把握していたり、他の先生が助言したりということはあまり期待できません」

(2) 入学までにすること

集団生活のイメージづくりが大切

無事に普通級への進学が決まったら、照準を入学後の学校生活に合わせて、学校生活になじむためのイメージづくりを、11月から翌年3月までの4カ月間に行ないます。

入学すると学級単位での生活になります。幼稚園や保育園の生活では、集団行動をイメージしにくいので、子どもには集団生活を事前にイメージさせておく必要があります。最初は家族という集団で行動することで、集団の中で生活する訓練をしましょう。それから、近所の人や友達などと行動する機会を増やしていきます。

名前を呼ばれたら手を挙げて大きな声で「はい」と返事をする、人の話には「うん」「はい」と返事をするといったことも集団生活では必要です。名前を呼びかけて返事をするトレーニング、話しかけられたら返事をするトレーニングなどもしておくと効果的です。

幼稚園や保育園へ送り出す際に、「幼稚園は楽しい」（就学後は、「小学校は楽しい」）と高速で話しかけて暗示するのも、集団生活に慣れる助けになります。

ストレス耐性を高める

小学校では、集団生活の他に、学習や友人関係、先生との関係、時間通りに行動することなど、さまざまな規則があります。そのなかで生活する子どもには、これまでになかったストレスが発生します。

それに対応するには、子どものストレス耐性を高めておくことが必要です。ストレスの特効薬となるのは親の笑顔、睡眠、栄養の3点セットです。

それから、45分間の授業に慣れさせるようにしておくと、授業でのストレスが軽減されます。45分座っていることが子どものストレスにならないように、楽しく座っていることができる回路をつくっていきます。

教室の自分の席で、先生や他の子どもたちに見えないように、指で膝を軽く叩くのもいい方法です。意識が膝にいくので、「飽きる」というストレスが解消されやすくなります。これはチックでストレスを解消するのと同じ原理です。

シミュレーションを行なう

学習や学校行事などについて、シミュレーションを行なうのも効果的です。とくに敏感な子どもは、初めてのことに強くストレスを感じやすいのです。ストレスを感じると、そちらにばかり意識が向いてしまい、必要な行動ができなくなってしまいます。

そこで、学校で学ぶことを事前にシミュレーションしておきます。子どもにとって学校での体験は2回目になるので、パニックにならず対処できるようになります。

教科書が配布されたら、先に教科書を読んで説明しておいてあげると良いでしょう。予習や先取り学習によって、1年生の学習内容を先に正しくシミュレーションしておくのです。先に学習しておけば、授業中に意識が他に行っても、学習内容そのものは頭に入っているので、勉強についていくこともできます。

●コラム

先輩ママのアドバイス「入学前にやっておくと良い取り組み」

○集団生活に慣れさせる秘訣

「小学校入学後は集団教育の場になります。社会性が求められるようになるので、成長発達サポート表の『社会面』を見直し、本当に求められている社会性は何かを考えながら再度確認してみると良いでしょう。

たとえば、成長発達サポート表では気づきにくい基礎能力の一つに着替えがあります。小学校では着替えの機会がたびたびあるので、真っ裸になって着替えないように練習をしておくことが大事です。

でも、それができなくても心配はいりません。着替えやトイレのトレーニングが間に合わないのであれば、親同伴登校をすれば、普通級でも問題は生じません。最初のうちは親がついて教えてあげなければなりませんが、だんだん子ども自身が学び、できるようになります」

○3月までにやっておいたほうが良いこと

「学校生活には、幼稚園や保育園とは勝手が違うために、発達障害の子が迷いがちなことがたくさんあります。私の経験では、3月までに次のような練習をしておくとスムースだと感じました。私のやったことをいくつかあげてみます。
・ランドセルに中身を入れて、背負う練習をします。子どもの荷物は、小学校1年生でもかなり重いものです。

・学校への荷物の準備の仕方、ランドセルの開閉の仕方、月曜に持参し金曜に持ち帰る荷物（体操着、上履き、給食の白衣など）の習慣を教えましょう。
・学校によって使用する用語はさまざまですが、短縮語などは子どもには理解が難しいので、事前にわかる範囲でカードなどを使って教えてあげましょう。
・掃除当番や給食当番は輪番制なので、必要な動作をなかなか覚えられない可能性があります。入学前にイメージさせてあげて練習しておくといいと思います。それでも入学後にできない場合は、同伴登校してお母さんが指導してあげましょう。
・学校ではプリントの指示が多くなります。プリントの指示や、紙を使った問題に慣れておくのも良いでしょう」

子どもの自尊心を守る

小学校で体験することの出来不出来が子どもの自尊心に直結していることが多くあります。発達障害の子どもが苦手とする項目については、先取りして慣らしておくと良いでしょう。どんなことに辛さや苦手意識があるか挙げてみます。

◇感覚が過敏な子は、工作などで糊や粘土に触れることを辛く感じることがあります。

◇長縄やドッジボール、リズムに合わせて体を動かすことなどは、お友達を相手にするので子どもの自尊心が傷つきやすい動作です。可能なかぎり慣らして、できるようにしておくと良いと思います。ドッジボールは、ボールを受けられなくても逃げることを覚えれば、ついていけます。ですから、ボールに当たったときにパニックにならないよう、準備してあげると安心できます。

自転車やプールでの遊びができると、家族で遊ぶ幅が広がるので、早いうちに慣らしてあげることをおすすめします。また、一人で行なう鉄棒、マット、跳び箱などは、他の子どもに迷惑がかかりにくいので、後回しにしても大丈夫です。

◇多くの小学校では、入学して間もないタイミングで、自画像や親の顔などの人物像を描く機会があります。絵を描けない子は、まず指先や肩、腕のトレーニングをするところから始めましょう。それと同時に、「絵を描く」意識づけをすると良いと思います。筆圧が弱かったり、絵を描く必要性を感じなかったり（＝描こうという意識が薄い）すると、子どもは描こうという気にならないかもしれないからです。

指先が使えるようになってきたら、運筆の練習や線つなぎや迷路などの遊びをやると、描くことに対する成功体験を味わえます。細かく動きを分けてトレーニングをしていけば、少しずつ描けるようになってきます。

◆学校内での子どもの精神的な逃げ場を作ってあげるために、気に入る本を探したり、図書館で気に入りそうな本がある場所の確認をしたりしておくと良いでしょう。学級内で辛いことがあっても、本の世界に逃げられれば、読書量が増え、壁にぶつかっても乗り越える力ができます。

親のストレスも考慮して

学校という集団に入るにあたり、親のストレスを回避するには親同士のコミュニケーションも大事です。療育や発達障害について知らない親たちも多いからです。

「力を貸してほしい、何かあったら遠慮なくご指摘ください」などと正直に伝えて、他の親たちとのコミュニケーションを円滑にしておくようにすると、親自身のストレスがグッと減ります。よその子と比べて落ち込むのは本末転倒ですが、良いところや良いやり方を取り入れるのはメリットがあります。

余裕ができれば先取り学習にチャレンジ

成長発達サポート表の９割が達成できていれば、入学前から先取り学習を始めても大丈夫です。年間授業計画表や月間予定表などを入手して、それを元に先取りをしておくと、子どもも安心して授業に臨めます。なぜなら、「自分が知っていること」だからです。

(3)入学後にすること

6歳までの基礎能力が90%以上になるとどんどん伸びる

無事に普通級へ入学できても、学習を学校に任せきりにしてはいけません。現在の学校教育は、明治以降のストレス教育です。根本的に何も変わっていません。このストレス教育は、じつをいえば、発達障害などの繊細な子どもたちには向いていません。しかし、繊細な子どもはもともと高い学習能力をもっています。ですから、繊細さだけを克服してあげれば、学習能力がどんどん高まり、学業も伸びます。10歳で大学に入学できるほどの能力（高校卒業程度の学習知識）を養うことすら、可能なのです。

発達障害のある子どもはもともと右脳の働きが飛び抜けているため、それを活用することができれば、本当に可能なのです。そのために有効な学習法として、私は「超高速楽習」をすすめています。6歳までに基礎能力を90%以上身につけておくと、その後は親が驚くようなスピードで知識を吸収していきます。

身体能力も、6歳からはどんどん成長していきます。「即座の習得」が可能になるゴールデンエイジ（10～12歳）は運動能力が人生でもっとも発達する時期です。その基礎も6歳までにつくられます。こうした時期に上手に伸ばせば、トップアスリートにだってなれるのです。

昔から、「お稽古事は100日で変わってくる」といわれています。100日というと3カ月あまりです。チャレンジを始めたら、毎日わずかな時間でも良いので、最低でも100日は続けてみてください。

不登校のススメ

心に傷を与えないためには「通学させない勇気」も必要です。学校生活でのストレスが大きく、子どもがストレスに対応できない場合は、思い切って不登校を選んでも良いと私は考えています。「通学させない勇気」です。

学校という場所が原因で幼い時期に心を傷つけると、一生のトラウマになってしまいます。無理やりに登校しても、嫌な思いをすれば、子どもは学校へ行かなくなってしまいます。そんなときは、勇気をもって行かせない選択もあると思います。

学校を休んでスズキ式家庭教育で基礎能力を充実させてから、学校生活に臨めば良いのです。その期間は、家庭で学校の学習内容をカバーしておきましょう。基礎能力が上がっていけば、子どもは登校できるようになります。

基礎能力と自信がつけば、多少のストレスをかけても大丈夫な、強い人間に育っていけます。踏まれても叩かれても這《は》い上がれる、強い子どもになります。しかし、残念ながら今の学校では基礎能力も我慢する自信も十分に育ちません。それでは、ストレス耐性ができません。心が歪んでしまいます。気をつけましょう。

小学校への通学が始まると、テストを受ける機会が増えます。これも子どもにとっては、点数で自分が評価されてしまうストレスとなります。そこで家庭では点数で評価をするためのテストではなく、できる部分を増やすため、市販されている教科書準拠のテストを活用して事前学習をして、正解を定着させてください。そうすると、成績も上がり、高く評価され、自信がつき、授業が楽しくなり、登校するのが楽しくなります。

コラム

先輩ママのアドバイス「学校生活の秘訣」

○パニックやストレスへの事前対処を

「子どもの特徴を書き出し、どういう状態になるとパニックなどの問題行動を起こすのかを先生にあらかじめ伝えています。ただし、ざっくりとした内容では伝わりませんので、できるだけ細かく記しています。

また、先生にしてもらうとありがたい対応、他のお友達にしてもらうとありがたい対応についても記載しています。

ただし、先生の指導への非難と受け取られないよう、必ず先生のサポートへの感謝の気持ちを伝えています。学校にお任せするだけでなく、家庭でも親が努力していることやその内容、何がもう少しでできるようになりそうで、何がもう少し時間がかかりそうなのかも伝えています。

パニックになりそうなときは『別室でクールダウンをする』など、パニックへの対応策を子どもに教えています。『失敗しても大丈夫です』『みんなが応援しています』と書いたカードを毎朝見せるようにすると、子どもが失敗しても切り替えができるようになったと思います」

○集団行動の秘訣

「小学校の集団行動ではまず、社会面と身体面での発達が試されます。わが子のレベルを把握し、できるところから伸ばしています。また、現時点での課題を把握して、できる範囲で行動していることを担任にも伝えています。

小学校2年生くらいまでは普通の子もまだ成長していないので、友人関係はなかなか上手くいきません。一つひとつケースバイケースで教えています。ただし、友達に手を出すなど『ダメなものはダメ！』と決め、ちゃんと理解させて、やめるようにしておかなければならないと思います」

○学校生活に馴染む秘訣

「予定表を机に貼っておき、翌日の予定を前日に把握させておくと、子どもは学校での指示に従いやすくなります。

除去食を食べさせるためにお弁当を持参させる場合には、事前に学校に連絡しておきましょう。その場合の理由は、「アレルギーがあります」の一点張りで良いと思います。そうすれば、牛乳も除去できます。子ども自身が、弁当の持参を、他の子と違うと言って嫌がる場合には、給食と弁当の内容を近づけてあげるのも一つの方法です」

困ったときは迷わず親同伴登校を

ちょっかいを出してくる子や意地悪をしたり言ったりする子がいるようなら、迷わず親が同伴登校をしましょう。

同伴通学をすれば、担任に迷惑がかからないので、支援級への通学をすすめられないこともあります。同伴登校はよくあることで、珍しくはありませんし、学校も嫌がったりはしません。先生へすべてをお任せするのではなく、先生とも良い関係を築くようにして、「一緒に伸ばしていこう」という気持ちでやっていきましょう。家庭教育で、同伴せずに登校できるようになる子どもたちもたくさんいます。

(4) 10歳までは手を抜くな！　ノーベル賞大隅教授のオートファジー論

脳科学を生かした実践教育が必要

これまで発達障害のある子どもの改善には、6歳までに基礎能力を身につけることが必要であるとお話ししてきました。それは大脳生理学からも確かなことです。そこで、ここでは大脳生理学の最新の情報に基づいて、脳の発達についてお話しします。

脳の成長を決めているのは、脳の神経細胞の質量と、神経細胞を接合する「シナプス」の働きです。シナプスは、生まれてから4カ月までに急速に増加し、月齢8カ月で総数がピークに達します。2〜3歳までは高止まりしますが、その後はどんどん選別されて、不要なシナプスは削除されていきます。

このシナプスの選別のことを「シナプス（樹状突起《じゅじょう》）の刈り込み」といいます。植物でも枝を選別して切り落とすと、残った枝が太く育ちますが、脳神経でも同じことが起こるのです。残ったシナプスも強化され、それにともなって脳が成長します。「シナプスの樹状突起の刈り込み」は10歳までにほとんど終了します。ただし、その後の脳への効果的な刺激で、シナプスはそれなりに増加しますし、脳細胞が増えるケースもあります。

このことを踏まえて子どもの脳の成長を見ますと、3歳ころまではさまざまな刺激を与えて脳細胞とシナプスを増やし、9歳までの刈り込みをできるだけ抑え、シナプスの減少を防ぎます。

次の3歳ころから6歳前後までは、どんどん新しい刺激を与えて脳細胞とシナプスを強化していきます。

さらに9歳前後までは、どんどん新しい情報の刺激を与えて、さらにシナプスを強化していきます。

じつは、「シナプス（樹状突起）刈り込み」を起こしているのは「オートファジー」という働きです。これは、細胞内のタンパク質を分解する仕組みで、この研究により、2016年に東京工業大学栄誉教授の大隅良典氏が「ノーベル生理学・医学賞」を受賞しました。

脳内の神経細胞にもこのオートファジーの仕組みがあるため、シナプス（樹状突起）の刈り込みが起こるのです。これはまさしくシナプスの「断捨離」です。使っていないシナプスはどんどん処理し、残ったものをどんどん強化していくことで、脳を効果的に発達させ、環境に適合することができるのです。

それにもっとも適した時期が9歳ころであり、その節目が3歳前後、6歳前後なのです。

ミラーニューロンを活用する

6歳ころまでに自立の基盤となる基礎能力を90％以上身につけることが家庭教育の目標ですが、このことは最近、大脳生理学でクローズアップされている「ミラーニューロン」という脳の働きからも、よく理解できます。

ミラーニューロンとは「鏡の作用」のことです。これは、実際に自分がやったことでなくても、人がやっていることを見たり、聞いたりしたことを自分で体験したように脳が錯覚し、認識してしまうという作用です。簡単にいえば、疑似体験を通して学んでいくという脳の働きのことです。

この「ミラーニューロン」の働きがもっとも活発なのが6歳ころまでの時期です。左脳がまだ十分発達していないこの時期の子どもは、見たり聞いたりしたことと、自分自身の体験を区別して判断できません。その分、子どもの脳は疑似体験を自分の感情体験として受け取ります。やがて左脳が発達してくると、疑似体験の影響力は弱くなってきます。

このような時期に、子どもがいちばん影響を受けるのが、親なのです。思いやりのある親を見ていると思いやりが身につき、両親が争っていると、争いがちな子どもになるのも、そのためです。

とくに3歳前後までの子どもの脳は母親の影響を大きく受けます。もし、そのころの母子関係で気にかかることがあるとしたら、子どもに心から謝って、子どもをきつく抱きしめてください。そして、過去のことをリカバリーする努力をしてください。子どもが母親を心から許してくれれば、子どもの心は安らぎ、その瞬間から母子関係は改善します。お母さんが本気で謝ってくれていることを心で受け止め、信頼感が芽生え、子どもの能力が一気に伸びていきます。

ただし、親が自分を責めていてはダメです。その辛さが子どもに伝わってしまいます。過去は戻りません。ですから、これからが勝負です。〝倍返しするぞ〟という思いで、これからの子どもと向き合ってあげれば良いのです。

親子関係で体験することは、たとえ子ども自身がやったことでなくても、ミラーニューロンの働きで子どもは自分の体験のように感じ取っていきます。たとえば、アドベンチャー施設などへ親子で行き、親子で一緒に挑戦させると、親のやっている姿を見て、子どもの脳には挑戦する回路が形成されていきます。

コラム

先輩ママのアドバイス「子どもの脳にいい親の智恵」

○よくばらない

「トレーニングを長続きさせるには、『短時間で効率良く』をとことん守ります。よくばらずに、『今日はこれ一つだけ！』『今日はこれをできるようにする』の積み重ねでいいのです。自分の都合を優先すると後回しになってしまうので、時間を決めて何かをしていても中断して行なうようにすると良いでしょう。

時には、お休みの日があっても構いません。次の日にはまた一つだけで良いから始めましょう」

○言葉の魔力

勉強というストレス言葉は使わないでください。「勉強」という言葉を日中辞典で調べると「無理強い」と書いてあります。「子どもの前では、楽しいトレーニングやゲームと言いましょう。そして、楽しさを前面に出してください。

実際、このトレーニングを通じて学んでいるのは親自身なのです。

また、普通の子がやっているような学習の真似をしたり、子どもを試したりはしないでください」

○他の親からの「かわいそう」は無視

「除去食について、他の親から『○○が食べられなくてかわいそう』などとの横槍が入ることがあります。しかし、無知な人からの言葉を真に受けて、子どもを病気にするよりは、ちょっとの間、我慢させるほうが、ずっと良いと思いませんか？　自分の意識を変えましょう。メソッドのことを知らない人からの言葉は、聞き流すこと！」

○弟や妹の嫉妬を防ぐ

「弟や妹がいて、トレーニングにちょっかいを出して、家庭学習が上手くいかない場合があります。こうしたとき、下の子は、「自分もかまってもらいたい」と、お兄ちゃんお姉ちゃんに嫉妬をしています。

そんなときは、椅子を二人分用意し、子どもたちのテリトリーを分けましょう。そして、下の子がヤキモチを妬かないように、下の子に合わせたレベルでトレーニングを行ないます。2歳ほどの差であれば、同時にトレーニングできます。

褒めるときには、どちらか一人でなく、二人それぞれのできたことを、ちゃんと褒めましょう！　二人同時に家庭学習を行なえるので、効率的ですよ」

○親自身が学習に集中

「教材を使うときは、家事など他のことは一切考えずに、親自身が学習に集中することが大切です」

○褒めるときも早口＆ハイテンション

「子どもの右脳は、ゆっくりと言葉を繰り返すと、かえってストレスになってしまいます。そこで、褒めるときも、褒め言葉を次々に早口で言っていきましょう。そのほうが、子どもの右脳に、「嬉しい！」という感情とともに、「やればできる」

という自信が刻み込まれます」

○子どもの前では夫婦がお互いを絶対に非難しない

「子どもの前で絶対にやってはいけないのは、夫婦がお互いを非難すること。『子どもの前では相手を非難しない』『子どものいないところでする』『喧嘩をするときは口角をあげて行なう』という取り決めをしましょう。でも、口角を上げていたら、相手にひどいことを言おうとしても、喧嘩にならないですよね。

また、夫婦の間でのエールの交換は、たくさん行なってください。未熟に見えても、応援はいくらしたって良いのです」

○カードは飽きる前にやめる

「カードは子どもが飽きる前に終了です。でも、どのくらいで飽きるかは、子どもの個性で異なります。フラッシュカードに飽きてしまったら、音楽学習や指を使った手遊びなども良いと思います」

エピローグ

発達障害は病気ではありません。だから、病院では治りません。医者も「治らない」と言っています。

私は、発達障害は脳のトラブルだと捉えています。脳にトラブルが起きているために、社会生活を送る基盤となる「基礎能力」、さらに「我慢する力」や「自信＝自分を信じる力」が上手く育っていないのです。ですから、脳にどんなトラブルが起きているのかを明確にし、それを解消するような働きかけを行なえば、子どもたちはどんどん成長できるのです。

そのためにもう一つ大事なことがあります。それは、できるだけ早く子どもの状態を理解し、小学校に上がる前、つまり「6歳までに必要な能力（＝基礎能力）」が身につくように働きかけることです。

基礎能力とは、子どもが将来、心も体も社会的に自立して生きていくための土台になる能力です。親の使命は子どもを自立させることです。親の希望は、自分が先にこの世を去っても、子どもが自立して幸せに生きていくことができるように育ってくれることなのです。

この基礎能力を身につけるのにもっとも適しているのが0~6歳までの乳幼児期です。基礎能力は社会面、言語面、知覚面、身体面の四つに分かれます。大まかに考えますと、6歳までに、その50%を達成できなければ支援校になります。80%以下では支援級で、80~90%はグレーゾーンです。90%以上が普通級となります。

発達障害と診断されても大丈夫です。「スズキ式家庭教育」を効率よく実践し、基礎能力を身につけるスピードを上げることができれば、発達障害のレベルが変わり解決に向かいます。

子どもを効率的に改善できるのは、家庭しかありません。世界の発明王といわれたエジソンも、21世紀最大の科学者と称されるアインシュタインも幼児期は、いわゆる発達障害児だったそうです。エジソンは、学校では落ちこぼれでした。アインシュタインは言葉が遅かったそうです。そのうえ、学習障害がありました。

その発達障害が改善したのは、学校ではなく家庭においてだったのです。教師ではなく、親が指導したのです。親こそ最初で最大の教師なのです。家庭こそが、発達障害を改善できる最高の教育の場（＝奇跡の学校）なのです。

日本だけでなく世界中で、有史以来例を見ないほど、発達障害児が激増しています。私は日ごろから、発達障害児は天才性を秘めていると公言しています。発達障害と診断された天才の卵たちを、一刻も早く自立させ、その素晴らしい才能を未来社会で活かすことが、人類の滅亡をくい止める最大の方法だ、と確信しています。

「未来社会を救うためにこの世に生を受けた天才の卵たち」を障害者にとどめてしまう今の教育は、絶対に変えなければなりません。そうしないと、神の配慮を無駄にすることになり、本当にもったいないことになります。

ですから私は、胎児期を含め、乳幼児期の家庭教育こそが人類の未来を拓く大きな力になると信じています。世界中の賛同者と共に、過去の常識に囚われない、新しい「21世紀の家庭教育」を広げていきたいと考えています。

鈴木昭平

2018年2月

就学時健診を乗り越える最強の方法

2018年3月23日　第1刷発行

著　者――――鈴木昭平

発行人――――山崎 優

発行所――――コスモ21
〒171-0021　東京都豊島区西池袋2-39-6-8F
☎03(3988)3911
FAX03(3988)7062
URL http://www.cos21.com/

印刷・製本――中央精版印刷株式会社

定価はカバーに表示してあります。

ISBN978-4-87795-365-2 C0030

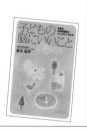